O SERMÃO DA MONTANHA

GEORGES CHEVROT

O SERMÃO DA MONTANHA

2ª edição

Tradução
Alípio Maia de Castro

São Paulo
2022

Título original
Les béatitudes

Copyright © 1988 by Marcel Chevrot

Dados Internacionais de Catalogação na Publicação (CIP)

Chevrot, Georges, 1879-1958
   O Sermão da Montanha / Georges Chevrot ; tradução Alípio
Maia de Castro – 2ª edição – São Paulo : Quadrante, 2022.
   Título original: *Les béatitudes*
   ISBN: 978-85-7465-415-7

   1. Bem-aventuranças 2. Jesus Cristo – Ensinamentos 3. Sermão
da Montanha I. Título II. Série

CDD 226.906

Índice para catálogo sistemático:
1. Sermão da Montanha : Reflexões : Cristianismo 226.906

Todos os direitos reservados a
QUADRANTE EDITORA
Rua Bernardo da Veiga, 47 – Tel.: 3873-2270
CEP 01252-020 – São Paulo – SP
www.quadrante.com.br / atendimento@quadrante.com.br

Sumário

Prólogo	7
O Evangelho nos precede	9
A grande aventura do reino de Deus	15
Paradoxos sobre a felicidade	23
Libertação do homem	29
Santidade e progresso	37
PRIMEIRA BEM-AVENTURANÇA	45
Os pobres segundo o Evangelho	45
A escravidão das riquezas	53
O ativo do Cristão	59
O desinteresse do Cristão	65
A grandeza dos humildes	71
SEGUNDA BEM-AVENTURANÇA	79
O domínio próprio	79
Os senhores da terra	87
TERCEIRA BEM-AVENTURANÇA	95
As lágrimas reparadoras	95
A alegria cristã	101
O «Deus de toda a consolação»	109
Dores apaziguadas	117
QUARTA BEM-AVENTURANÇA	123
Apelo à magnanimidade	123
Fome de santidade	131
Sede de justiça	137

GEORGES CHEVROT

QUINTA BEM-AVENTURANÇA 145
Os misericordiosos 145
O «Pai da Misericórdia» 151

SEXTA BEM-AVENTURANÇA 159
Na presença de Deus 159
Consciências retas 165
Caracteres íntegros 173

SÉTIMA BEM-AVENTURANÇA 181
Os pacificadores 181
O Evangelho da Paz 189

OITAVA BEM-AVENTURANÇA 195
O destino do Evangelho 195
Apelo à coragem 203
À sombra da cruz 209
A vitória dos cristãos 217

E seguiram-no multidóes da Galileia, e da Decápole, e de Jerusalém, e da Judeia, e do país de além do Jordão. Vendo Jesus aquela multidão, subiu a um monte e, tendo-se sentado, aproximaram-se dEle os seus discípulos. E Ele, abrindo a boca, ensinava-os dizendo:«»

Bem-aventurados os que têm espírito de pobreza, porque deles é o reino dos céus.

Bem-aventurados os mansos, porque possuirão a terra.

Bem-aventurados os que choram, porque serão consolados.

Bem-aventurados os que têm fome e sede de justiça, porque serão saciados.

Bem-aventurados os misericordiosos, porque alcançarão misericórdia.

Bem-aventurados os puros de coração, porque verão a Deus.

Bem-aventurados os pacíficos, porque serão chamados filhos de Deus.

Bem-aventurados os que sofrem perseguição por amor da justiça, porque deles é o reino dos céus.

Bem-aventurados sereis quando vos injuriarem e vos perseguirem e, mentindo, disserem todo o mal contra vós por causa de mim. Alegrai-vos e exultai, porque é grande a vossa recompensa no céu; pois assim perseguiram os profetas que existiram antes de vós.

(Mt 4, 25; 5, 12)

E, descendo com eles, parou na planície, Ele e a comitiva dos seus discípulos, bem como uma grande multidão de povo de toda a Judeia, e de Jerusalém, e da região marítima de Tiro e de Sidon, que tinham vindo para o ouvir, e para serem curados das suas doenças. E os que eram atormentados pelos espíritos imundos ficavam sãos. E todo o povo procurava tocá-lo, porque saía dEle uma virtude que os curava a todos. E levantando os olhos para os discípulos, dizia:

Bem-aventurados vós os pobres, porque é vosso o reino de Deus.

Bem-aventurados os que agora tendes fome, porque sereis saciados.

Bem-aventurados os que agora chorais, porque rireis.

Bem-aventurados sereis quando os homens vos odiarem, e quando vos repelirem e vos carregarem de injúrias, e rejeitarem o vosso nome como mau, por causa do Filho do homem. Alegrai-vos nesse dia e exultai, porque será grande a vossa recompensa no céu; porque era assim que os pais deles tratavam os profetas.

Mas ai de vós, ricos, porque tendes a vossa consolação.

Ai de vós, os que estais saciados, porque vireis a ter fome.

Ai de vós, os que agora rides, porque gemereis e chorareis.

Ai de vós, quando os homens vos louvarem, porque assim faziam aos falsos profetas os pais deles.

(Lc 6, 17-26)

O Evangelho nos precede

As «Bem-aventuranças» constituem o prólogo do Sermão da Montanha, que ocupa no Evangelho um lugar fundamental.

Num planalto situado na cadeia de colinas sobranceiras ao lago de Genesaré, cercava Jesus uma enorme multidão vinda das aldeolas da Galileia, das províncias limítrofes e até mesmo da Judeia.

Havia uns seis meses que o novo Profeta começara a sua pregação. A autoridade da sua palavra e as curas maravilhosas que fazia haviam canalizado para Ele a simpatia do povo. Muitos se perguntavam se não seria aquele o Messias, anunciado pelos profetas de Israel para realizar as antigas promessas de Deus a Abraão, o pai da sua raça. Não era o que Ele próprio dava a entender quando ia repetindo: «Chegou o reino de Deus. Crede na Boa Nova»?

Jesus deveria certamente aproveitar a afluência do auditório para expor longamente a constituição do reino de Deus. Esta expressão «reino de Deus», tantas vezes empregada pelo Salvador, ser-nos-á mais familiar quando, depois de vermos o que ela significava para os seus contemporâneos, conhecermos o sentido que tem para nós, homens do século XXI.

É preciso observar, em primeiro lugar, uma particularidade de vocabulário. Nos textos evangélicos, a fórmula tem variantes. Mateus escreve quase sempre «reino dos céus». Não imaginemos que com essa expressão designa o lugar do além onde estão os santos. A palavra «céus» neste caso é a transcrição de um termo hebraico que não tem singular; equivale à palavra Deus, nome inefável que os judeus se abstinham de pronunciar com receio de o dizerem em vão. Lucas, ao compor o seu Evangelho para os cristãos convertidos do paganismo, que por isso não tinham os mesmos escrúpulos, diz corretamente como Marcos: «o reino de Deus» ou então «o reinado de Deus», o que é mais compreensível para o pensamento moderno.

Estas três fórmulas são rigorosamente sinônimas. Na verdade, a pátria celeste é eminentemente o reino de Deus; mas a missão de Jesus Cristo é levar todos os homens a reconhecerem a soberania do Pai, a estabelecerem o reino de Deus na terra. «Aproxima-se o reino de Deus». Aos ouvidos dos judeus piedosos, esta declaração não se prestava a equívocos. Significava que Deus não esquecera o seu povo e que a aparição do Messias modificaria as condições de existência da humanidade.

No decorrer de longos séculos, o povo eleito tivera o privilégio de adorar o único Deus verdadeiro, mas sabia-se destinado a dá-lo a conhecer ao mundo inteiro. Os seus profetas tinham assegurado que a virtude ordenaria as relações entre os homens quando todos os povos adorassem o Deus de seus pais. «Já não se dará ao insensato o nome de nobre, escreve Isaías, nem o astucioso passará por mag-

O EVANGELHO NOS PRECEDE

nânimo» (32, 5). A paz se estenderá sobre a terra. Não haverá ódios; não haverá guerras entre as nações, profetiza ainda Isaías: «Os povos farão das lanças relhas de arado, e transformarão as espadas em foices. Nenhuma nação levantará o gládio contra outra: não voltarão a preparar a guerra» (2, 4).

No entretanto, como já haviam decorrido quatro séculos sem que profeta algum tivesse surgido na nação judaica, a imaginação popular deleitava-se em realçar as felicidades temporais do reino messiânico. E não é para admirar que a esperança numa desforra nacional se tivesse sobreposto à fé religiosa, num povo desgraçado e submetido ao jugo do estrangeiro. Por isso imaginavam o rei Messias com o aspecto de um conquistador invencível, que haveria de submeter todas as nações à hegemonia de Israel e à lei de Deus.

Cristo não podia evidentemente concordar com tal deformação, tanto da pessoa como da função do Messias. E há de quebrar o entusiasmo dos seus partidários da primeira hora, ao recusar o reino temporal que eles lhe propõem. E, da mesma maneira, só aceitará publicamente o título de Messias apenas alguns dias antes de morrer. Até lá, esforça-se por corrigir os preconceitos daqueles que o escutam. Quando anuncia: «Eis o reino de Deus», acrescenta imediatamente: «Convertei-vos», quer dizer, «mudai de mentalidade, transformai o vosso coração; arrependei-vos».

Pouquíssimos compreendiam o significado desta advertência, pois a maioria estava persuadida de que os filhos de Abraão entravam por direito próprio no reino de Deus. Vangloriando-se da sua fidelidade à lei de Moisés, julgavam não ter necessidade de converter-se. A «Boa Nova» (tradução da palavra Evangelho) não tardou em decepcionar a previsão quase geral. Aos homens que sonhavam com uma guerra santa e com o domínio do mundo, Jesus Cristo pregava a luta contra o pecado e o domínio de si próprios, como condições para a reforma do mundo. Eis o aspecto dramático da sua missão: quanto mais o Salvador especifica o caráter espiritual dessa missão, mais depressa vê afastar-se aquele povo providencialmente encarregado de preparar a sua vinda à terra.

Mas os contemporâneos de Cristo não se colocavam fora dos desígnios de Deus quando pensavam que o Messias devia transformar a vida dos homens na terra. O reino de Deus, inaugurado por Cristo, contém uma dupla perspectiva, e o *futuro eterno* que Ele anuncia não deve fazer esquecer o *futuro temporal* cujo lugar de realização será a terra. A missão do Salvador insere-se na história da humanidade, fixando-lhe os períodos e o fim. O Evangelho terá uma dupla eficácia: conseguir o céu para os habitantes da terra, mas, ao mesmo tempo, aclimatar já o céu na terra, pela transformação da vida presente dos homens. Para falar com São Paulo, deve criar um homem novo «à imagem de Deus, na justiça e na santidade verdadeira» (Ef 4, 24).

Na época em que o Filho de Deus veio incorporar-se à nossa raça, a condição do homem era já diferente da que nos mostram as primeiras páginas da Bíblia. Tinha-se verificado um grande progresso, tanto nos espíritos como nos corações. Além disso, Cristo deve voltar de novo à terra para introduzir todos os filhos do seu reino na glória de Deus. Este regresso de Cristo há de realizar-se «quando tudo lhe estiver sujeito» (1 Cor 15, 28), o que supõe que a humanidade terá realizado novos progressos, à medida que o reino de Deus se tiver desenvolvido na terra.

«Crede na Boa Nova», dizia Jesus Cristo. A submissão ao Evangelho é para todo o homem de fé a certeza da salvação eterna; mas, ao mesmo tempo, é para a humanidade, tomada no seu conjunto, um princípio de regeneração e de progresso. Os discípulos de Cristo não podem ficar de braços cruzados à espera do céu, como se nada tivessem a fazer, não digo *na* terra, mas *da* terra. É vontade de Jesus Cristo que orientem para Deus o avanço da humanidade. Os extraordinários progressos da ciência oferecem ao homem de hoje novas condições de existência; ao desenvolvimento da técnica moderna corresponde uma evolução psicológica e social da humanidade. Este aperfeiçoamento terreno está de acordo com o plano do Criador. É apenas necessário – e isso é essencial – que, nesta marcha sempre em frente, os homens evitem desvios, em que fatalmente viriam a perder-se se desprezassem ou transgredissem as leis de Deus.

A nós, cristãos, que conhecemos o fim magnífico da evolução da humanidade, chamada a transformar-se numa família divina, cumpre-nos evitar esses desvios aos nossos semelhantes. Não devemos acreditar apenas no aperfeiçoamento terreno da nossa raça, que é uma certeza dado o progresso científico, e num futuro humano terreno, possível e inevitável em consequência da elevação da cultura e de um sentimento de justiça mais profundo entre os homens. O nosso papel é também o de canalizar esse progresso para o seu verdadeiro fim, que é Deus. Eis o que significa o reino de Deus na terra, para os cristãos do nosso tempo.

Mais do que nunca, temos de fazer-nos eco do convite de Jesus Cristo: *Crede no Evangelho.* A sua doutrina não é um anacronismo. O Evangelho não pertence a um passado que teve o seu fim. Aqueles que o repudiam por conhecê-lo mal, por mais que o pretendam, não o ultrapassam ao se afastarem dele. Afastando-se, comprometem gravemente o progresso humano, sempre solidário com a nossa vocação divina. Há poucos anos, tivemos ocasião de ver – e ainda hoje o vemos – a que abismos de miséria e a que degradação do homem leva uma civilização que julga ter deixado para trás o cristianismo.

O Evangelho nos precede. Ele é o futuro que abre caminho aos homens do nosso tempo. Ainda não foi plenamente realizado pelas sociedades humanas e, além disso, à medida que o homem se aproxima dele, vai percebendo que o Evangelho o incita a ir cada vez mais longe, cada vez mais alto. Não se trata de desviar o caminho, de ser retrógrado para voltar a Cristo. Pelo contrário, é preciso avançar, apressar o passo para encontrá-lo. Cristo precede-nos sempre: é a humanidade que para ou recua quando deixa de segui-lo.

Ao nos propormos meditar e viver os ensinamentos do Sermão da Montanha, não nos decidimos a fazer um estudo retrospectivo, mas um trabalho muito atual, verdadeiro trabalho de todo o cristão. E assim, devemos considerar seriamente a oração que Cristo nos manda dirigir a Deus: *Venha a nós o vosso Reino!* Só chegará definitivamente quando a história dos homens atingir o seu termo. Até lá, temos de pedir a Deus, dia após dia, que nos ajude a ser os realizadores ativos do seu reino na terra. Nessa tarefa, não se encerra apenas a nossa felicidade pessoal, mas a felicidade presente e futura, temporal e eterna da humanidade.

A grande aventura do reino de Deus

O aspecto exterior da assembleia que se comprime à volta de Cristo, na montanha, permite-nos pôr em destaque vários traços característicos do cristianismo. Esta consideração não é inútil para os que ambicionam ser contados entre os seus discípulos.

O Mestre não quis pronunciar o seu discurso inaugural no interior de uma sinagoga ou nos pórticos do Templo. Para fazer ouvir uma mensagem destinada aos homens de todos os tempos, precisava de ar livre, de altitude, dos horizontes sem limites da natureza.

Na verdade, Cristo vai convocar os que desejam tentar com Ele a maior aventura que jamais foi proposta aos homens: implantar o reino de Deus na terra. É necessário que este empreendimento não apareça como uma organização já estabelecida que possa reformar automaticamente o mundo. Tal como diríamos hoje, ele deve ser um *movimento*, que não cessa de se propagar e de se tornar cada vez maior. O impulso que Cristo deseja provocar exige o ministério itinerante que adotou: hoje fala no flanco de uma colina, depois continuará ao longo dos caminhos. As raposas têm as suas tocas, os pássaros os seus ninhos, mas Ele não terá onde descansar a cabeça, não terá um teto para se abrigar. Caminhará sempre, sem parar.

Um de seus ouvintes quer trabalhar no reino de Deus? Eis a resposta: «Segue-me». E leva-o pela estradas. Seus discípulos têm de se consagrar a uma luta sem tréguas, a um esforço contínuo sobre si próprios, às constantes conquistas da ação apostólica; nunca terão «chegado». O exército pacífico que Cristo recruta para o reino de Deus terá os chefes que Ele designar e a quem há de instruir; mas este exército regular não terá quartéis, será uma coluna em marcha.

Os discípulos mais dedicados terão, é verdade, dificuldade em compreender esta lei primária do reino. Prefeririam uma atividade menos errante, um horário mais certo e – por que não? – uma casa. Depois da ressurreição de Cristo, alguns esperam ainda que Ele restaure o antigo reino de Israel (At 1, 6). Sonham com uma Igreja inspirada na forte administração do rei Salomão, com um organismo poderoso e respeitado que una todos os povos numa submissão perfeita às leis de Deus. Numa palavra, sonham com um reino bem construído e solidamente assente.

Jesus desenganá-los-á uma última vez. Conquistadores, sentados? Querem restaurar, quando Deus os encarrega de criar; satisfazem-se com arranjos, quando o necessário é construir. Se voltam os olhos para o passado, o Mestre obriga-os a olhar para a frente, até aos últimos confins da terra, até aos últimos dias do mundo. O último conselho que lhes deixa está encerrado numa só palavra, que é uma ordem de marcha: «Ide!» (Mt 28, 19; Mc 16, 15). O cristianismo é um movimento.

É certo que uma sociedade só poderá subsistir se for organizada; eis por que a Igreja se nos apresenta como uma instituição. Mas o Espírito Santo que a conduz impede-a de se anquilosar nos excessos do repouso. Sempre que, no decorrer da sua história, ela estiver prestes a integrar-se no quadro social ou político de uma época, ou estes suportes se hão de desmoronar subitamente, ou a Igreja será perseguida e, nos dois casos, obrigada a encontrar o seu ardor missionário na insegurança. A Igreja não é um estabelecimento, é um movimento; a sua função é «renovar a face da terra».

Cristãos de hoje, não temos o direito de nos fixarmos numa falsa tranquilidade. Não há cristianismo confortável. Devemos avançar sempre, seguindo as pegadas de Cristo. O Evangelho é chama acesa por Jesus Cristo (Lc 12, 49), que pouco a pouco deve abrasar o mundo. «Não apagueis o Espírito» (Tess 5, 19).

Observemos agora a composição do auditório do Sermão da Montanha. Na primeira fila está um pequeno grupo de homens que deixaram ofício e família para se associarem à vida do Profeta e se declararam já seus discípulos. Dentre esses, o Mestre escolheu doze que ligará mais profundamente à sua obra: será para estes que lançará os seus olhares (Lc 6, 20) quando entoar o hino das Bem-aventuranças. Todos são *jovens*.

Ao iniciar a sua vida pública, Cristo tinha pouco mais de trinta anos. Mas os seus primeiros companheiros eram mais novos que Ele: não lhes chamava «meus filhos»? Tiago e João, os filhos de Zebedeu, estão em pleno ardor da mocidade, a tal ponto que Cristo os apelida de «filhos do trovão». Os outros Apóstolos não são muito mais velhos. Prova-o o fato de que alguns continuavam ainda vivos no último terço do século primeiro. São Policarpo, martirizado em Esmirna em 155, com 85 anos, diz-nos que foi introduzido no cristianismo «por João e vários outros que viram o Senhor».

Para uma tarefa tão audaciosa como a reconstrução do mundo, Jesus convidou primeiro os jovens. Explicou a razão por meio de uma daquelas expressões claras e sem rodeios que lhe eram tão habituais: «O vinho novo precisa de odres novos». Assim como a fermentação do vinho faz rebentar os recipientes já usados e envelhecidos, também o espírito novo do Evangelho deve quebrar – quebrará sempre – os preconceitos e os conformismos. A doutrina de Cristo apenas convence os espíritos jovens e simples, que ainda não têm uma situação definida. E para a espalhar, Cristo tinha necessidade de mensageiros ousados e cheios de vigor físico. Uma vez alistados os jovens, os velhos virão atrás e encontrarão uma nova juventude de alma. Vinculando-se a Cristo – Ele próprio o disse –, qualquer homem, por muito velho que seja, voltará a nascer (Jo 3, 3-8).

Hoje também o Evangelho inflama principalmente o coração dos jovens, dos que se podem considerar jovens, porque o egoísmo ainda não os murchou. Mas também conserva o seu poder de rejuvenescimento: a todos os que lhe submeterem a vida, comunicará uma juventude de espírito inalterável.

Devemos acautelar-nos contra o envelhecimento dos desiludidos que pouco a pouco perdem a confiança no valor do cristianismo. Não é problema de idade, mas de coração. O que nos leva a essa anquilose é a rotina, assim como o abandono da oração. Pelo contrário, todo aquele que for fiel à meditação do Evangelho verificará a exatidão destas palavras de Faber: «Não posso dizer-vos o que se passa em mim: cada vez amo mais a Cristo; cada dia que chega, é como se nunca O tivesse conhecido. Todas as manhãs me parece mais novo, mais delicado, mais cheio de vida» (*Cartas*, t. II, pág. 39). Graças a esta familiaridade com Jesus Cristo, o cristão pode conservar-se numa permanente juventude. Já o dizia São Paulo: «Embora se destrua em nós o homem exterior, o homem interior vai-se renovando de dia para dia» (2 Cor 4, 16).

Uma última observação. O cristianismo, movimento de jovens, é também um movimento de multidões. É uma *religião do povo*, de todo o povo, de forma alguma reservada a um pequeno círculo de iniciados.

Comprimida lá na montanha, por trás dos discípulos, estende-se uma multidão a perder de vista. Nela estarão inevitavelmente os curiosos, talvez mesmo os censores prontos para a crítica; mas este auditório é em grande parte constituído pelo bom povo do campo, por pequenos proprietários, artesãos de aldeia e pescadores do lago. Os sumo-sacerdotes e os fariseus tinham desprezo por esta populaça, chamavam-lhes «malditos ignorantes da Lei» (Jo 7, 49). Em breve Cristo dirá que eles são os «benditos», os bem-aventurados.

É a eles que o Messias deve anunciar a Boa Nova. Com grande escândalo dos satisfeitos, inclina-se sobre aqueles para quem a vida é dura, acolhe os pescadores para quem a vida é perigosa, chama os desiludidos, os desanimados,

20 GEORGES CHEVROT

os desprezados por todos. «Vinde a mim, vós todos os que estais cansados e vos curvais sob o peso dos vossos fardos, e eu vos aliviarei – *ego reficiam vos* –, eu vos repararei, numa vida que seja digna de vós e do Deus que vo-la deu» (cf. Mt 11, 28).

Por sua vez, as classes populares em breve descobrem no novo Rabi alguém que não vinha servir-se delas, mas servi-las. Esta boa gente em breve confiou nEle e desejou estar sempre com Ele. «As multidões, lê-se em São Lucas, queriam retê-lo e que não mais as deixasse. Mas Ele dizia--lhes: "É preciso que eu leve também às outras cidades a boa nova do reino de Deus"» (4, 43). O mesmo evangelista escreve mais adiante: «Todo o povo, ao escutá-lo, estava suspenso dos seus lábios» (19, 48).

Mas Cristo não pretende popularidade; respeita muito os pequenos para os lisonjear. Se a justiça lhe ordena que critique os doutos hipócritas «na presença de todo o povo», a este não esconde nenhum dos seus deveres nem dissimula o seu rigor. Os preceitos mais severos do Evangelho, os que elevam até à virtude mais alta, Jesus considera-os acessíveis a todas as boas-vontades, e estas encontram-se nos humildes. Foi a esta multidão abandonada, tantas vezes enganada, e sempre pronta a ligar-se aos que a amam verdadeiramente, que Cristo se dirigiu na montanha. O seu auditório era um auditório popular.

Por último, não podemos esquecer que a cristandade atualmente necessária à salvação do mundo só se poderá edificar segundo os métodos empregados por Jesus Cristo. Hoje, as classes populares afastaram-se dEle. Faltam a Cristo e Cristo lhes falta. É por isso que o nosso cristianismo seria infiel às suas origens se fosse apanágio de uma classe abastada ou culta. E a nossa única esperança de o vermos triunfar do ateísmo contemporâneo – digo a nossa *única esperança* – é que ele venha a ser a religião do povo. Por seu turno, também Cristo faz falta ao mundo do trabalho, porque o ideal de justiça e de progresso que este procura na terra só poderá ser por ele atingido se descobrir o Criador, que concebeu o destino do homem, e Cristo, que nos permite alcançá-lo. Daí que não seja possível ficarmos tranquilos enquanto não desaparecer o fosso que separa Cristo das multidões.

Paradoxos sobre a felicidade

Cristo vai realizar o seu primeiro grande ato messiânico, indicando quem são os que Deus chama a fazer parte do seu reino. A assistência contém a respiração para não perder nenhuma das suas palavras. As primeiras frases parecem uma oração, mas Cristo não se dirige a Deus; é Deus que, pelos seus lábios, fala ao povo. Os versículos do cântico sucedem-se ao ritmo dos velhos salmos de Israel, e todos anunciam a bênção de Deus: «*Beati!* Bem-aventurados!» Ecoa por toda a montanha o cântico das Bem-aventuranças e com ele começa para o mundo uma nova era.

Antes de comentarmos o texto de cada Bem-aventurança, e para melhor compreensão do seu sentido, é indispensável que nos detenhamos em algumas generalidades sobre o assunto. E a primeira será observarmos a construção paradoxal destas fórmulas evangélicas.

Na linguagem corrente, dá-se à palavra *bem-aventurança* o significado de uma felicidade perfeita e, se bem que no vocabulário bíblico ela tenha um sentido mais lato (di-lo-emos em breve), a palavra implica também a certeza da felicidade.

O ser humano deseja ser feliz, cada vez mais feliz. Esta necessidade não estaria tão fortemente gravada na nossa natureza se não a pudéssemos realizar. Deus, ao criar-nos dotados de inteligência, de consciência e de liberdade, quis que fôssemos com Ele os autores da felicidade a que destinou a nossa raça. Sempre com Ele, sem nos afastarmos, portanto, do seu plano. Quando nos identificamos com a sua vontade, contribuímos para completar a sua obra e damos à nossa natureza a sua perfeição, à nossa vida o seu pleno desenvolvimento e à terra a sua beleza. Tudo isto são elementos da nossa felicidade.

Se, pelo contrário, o homem não respeita a ordem estabelecida por Deus e quebra a harmonia do seu plano, há de provocar desordens que trarão consigo o seu próprio sofrimento. O homem travará a sua própria realização, contrariará o seu progresso e chegará mesmo a não saber onde está a sua felicidade. Tal foi sempre a história do homem pecador.

Mas Deus não nos deixa andar sem rumo. O seu Filho fez-se um de nós para reparar os nossos erros. Perdidos num beco sem saída, tínhamos perdido também a estrada que conduz ao nosso autêntico destino. São as Bem-aventuranças que nos ajudam a reencontrar o caminho da verdadeira felicidade, sob a areia movediça das alegrias passageiras e dos prazeres ilusórios. Porém, elas nos reservam algumas surpresas.

Todos os reformadores que prometem aos homens uma melhoria da sua sorte, fazem-na depender de revoluções políticas ou de transformações sociais. Destruirão para construir melhor: depois disso, o mundo será mais feliz.

Cristo procede exatamente ao contrário. Seus discípulos não serão felizes... mais tarde. São-no desde já. «Vós sois bem-aventurados, diz Ele, vós os pobres, os puros, os misericordiosos». A felicidade prometida não tem de esperar pela mudança das instituições. À medida que os homens tomarem consciência da felicidade que está ligada à prática dos preceitos evangélicos e se transformarem a si próprios, o seu comportamento moral melhorado será o fator que há de aperfeiçoar as instituições.

Cristo não é um charlatão. Cristo não faz promessas em vão. Não hesita em destruir as ilusões dos seus contemporâneos, que viam o reino messiânico sob as cores de um segundo paraíso terrestre. Na terra, chorar-se-ão lágrimas enquanto o pecado a dominar. E Cristo não tem receio em afirmar: «Bem-aventurados vós os que agora chorais».

Poderemos pensar: então nada mudou? Sim. Mas temos de rasgar o véu deste paradoxo, e admirar-nos-á a verdade que ele exprime. O Mestre ensina-nos que a felicidade do homem não se prende ao que ele possui, ao que ele *tem*, mas ao que ele *é*. Não está condicionada pela atitude dos outros a nosso respeito, como não o está pelos bens materiais ou acidentais (fortuna, saúde e bem-estar). Não depende do rumo que seguem os acontecimentos, mas da maneira como reagimos em face deles. A felicidade depende de nós; a sua origem está em nós. Se vivermos como discípulos de Cristo, teremos em nós os meios de ser felizes.

Em que se fundamenta esta felicidade? Na certeza de que Deus nos ama infinitamente. Nós somos os filhos do Pai dos céus, que nos convida a participar da sua eterna bem-aventurança. Os aflitos são felizes agora, porque têm a certeza de serem consolados; os que têm fome de justiça, porque essa fome será saciada; os justos, porque veráo a Deus. Por outras palavras, o Evangelho dirige-nos este novo paradoxo: «Procurai a felicidade do céu e encontrar eis a felicidade na terra».

Neste ponto, é necessário evitar um equívoco, porque essa proposição escandaliza certos espíritos que acusam o cristianismo de pagar aos seus partidários numa moeda que não corre cá na terra. «Sereis felizes... depois desta vida». E com a promessa de uma compensação que não é palpável, pede-se ao cristão que se resigne com paciência à sua sorte. Ora aí se esconde uma deformação lamentável da doutrina cristã. Deus *quer* a felicidade dos homens, *assim na terra como no céu*. É falso que nos obrigue a comprar a felicidade futura ao preço dos nossos males presentes.

Antes de mais nada, abramos o Evangelho. Cristo é indiferente ao sofrimento dos homens? Não se apiedou das irmãs de Lázaro que choravam diante do túmulo do irmão, ao ponto de Ele próprio ter chorado também? Se os nossos males presentes fossem a *condição* da nossa felicidade futura, teria Cristo curado tantos enfermos e doentes, privando-os, nesta hipótese, da mais segura probabilidade de serem felizes? O sofrimento, que veio ao mundo depois do pecado, é considerado por Cristo como um mal, como aquilo que realmente é: uma nódoa que desfeia a obra do Criador.

Ao longo destas páginas teremos, sem dúvida, oportunidade de observar o sentido da dor e a fecundidade do sacrifício. Mas também ficará sublinhada a luta corajosa que o cristão tem de travar contra a injustiça, para alívio dos males do próximo. Neste momento, porém, a minha única intenção é mostrar que a esperança na felicidade do além, longe de se opor à felicidade atual do cristão, a garante com maior segurança.

Na verdade, ninguém espera desta vida uma felicidade completa. «A felicidade dos homens, dizia Bossuet, é formada por tantas peças que há sempre uma que falta». A nossa condição presente é sermos limitados e incompletos. Assim como a nossa ciência não é total, também a nossa felicidade não pode ser absoluta. Só no céu é que Deus nos concederá a plena realização a que aspiramos e que temos de preparar na terra.

No entanto, a afirmação de que Deus completará a nossa felicidade quer dizer que ela já começou e que só se alcançará nesta vida se estiver na linha da nossa condição futura. Entre as alegrias parciais da terra e a alegria total do céu, não deve existir oposição; deve haver uma continuidade. Assim, por exemplo, no céu, os «escolhidos» viverão na paz; logo, a felicidade terrena não pode consistir nem no ódio nem na violência. A paz, prometida para a eternidade, é já um dos elementos da felicidade presente. A nossa felicidade é sempre da mesma espécie, tanto nas condições presentes da nossa vida como no seu estado futuro.

Com efeito – e este esclarecimento é importante –, o Evangelho não nos obriga a escolher entre os bens presentes e os bens futuros, mas entre os bens verdadeiros e os bens falsos, que são verdadeiros ou falsos tanto agora como na eternidade.

Das reflexões precedentes tira-se uma conclusão, que é um último paradoxo, e não o menos surpreendente: a de que, se procurarmos a felicidade, condenamo-nos a não encontrá-la.

Não nos dá razão a experiência? Os homens que apenas procuram ser felizes não chegam a satisfazer todos os seus desejos, porque estes aumentam ou então variam continuamente. O prazer de que gozam foge-lhes com frequência. Têm de contar com fatores – homens, coisas ou acontecimentos – que se intrometem nos seus projetos e os deitam por terra. E também devem considerar as satisfações que só se podem conseguir prejudicando os outros, preço muito elevado que repugna a uma consciência delicada.

Na verdade, o homem, cuja condição normal é ser *feliz*, não foi feito para procurar a felicidade. Deve procurar ser *justo*. Mesmo quando, fora de um clima religioso, o estoico ou o sábio se consideram felizes, é porque não procuraram apenas a felicidade, mas se submeteram a um ideal de virtude, à obediência às leis, ao que eles julgam ser o seu dever ou o seu bem.

Nós, cristãos, que vemos para além da sabedoria dos homens, conhecemos os verdadeiros nomes do dever e do bem; sabemos quem é o primeiro autor das leis que regulam a vida do homem, onde está o equilíbrio das sociedades, e esforçamo-nos por realizar a *vontade de Deus*. A felicidade é um *dom* que Deus nos concede e que resulta da nossa fidelidade às suas leis. A felicidade é uma *consequência*, não um *fim*. O nosso único fim é Deus.

Aqueles a quem Deus falta ignoram a soma de felicidade que se pode possuir na terra. A nós, Cristo ensinou-nos que a felicidade é para os que não a procuram, para os que não se procuram a si mesmos, para os que procuram a Deus e sabem encontrá-lo na pessoa dos homens, seus irmãos. E Cristo não nos enganou.

Libertação do homem

Os dois evangelistas por quem conhecemos o Sermão da Montanha apresentam duas versões diferentes das Bem-aventuranças. Em Mateus, elas são oito; Lucas citou apenas quatro, as mais simples, e silenciou notoriamente as alusões bíblicas que elas encerravam, pouco conhecidas dos seus leitores gregos. Em compensação, fá-las acompanhar de quatro imprecações paralelas que não figuram no texto de Mateus, talvez porque este autor as cita noutra passagem da sua narrativa e até de forma mais desenvolvida (cap. 23).

Cristo, na verdade, empregou esta espécie de aforismos em mais de uma circunstância. «Bem-aventurado, lê-se noutra passagem, aquele que não encontrar em mim motivo de escândalo» (Mt 11, 6). «Bem-aventurados aqueles que ouvem a palavra de Deus e a põem em prática» (Lc 11, 28). A fórmula não era uma novidade; encontra-se com frequência nos livros do Antigo Testamento, principalmente nos salmos. Assim, por exemplo: «Bem-aventurado o homem cujo pecado for perdoado». Lê-se também no Livro do Eclesiastes: «Bem-aventurado aquele que nunca peca pela língua», etc.

A palavra «bem-aventurança», que designa estas máximas – porque começam pela palavra *beatus* –, não deve iludir-nos. Elas são mais a certeza das bênçãos de Deus do que uma promessa de felicidade. O louvor que encerram é uma ordem cujo caráter imperativo é suavizado pelo olhar piedoso de Deus sobre os que a cumprem. O mesmo se passa com as Bem-aventuranças que abrem o Sermão da Montanha.

O auditório está impaciente por conhecer o programa messiânico de Cristo. O Mestre vai promulgar agora as leis do seu reino. Mas, em vez de as enumerar tal como os preceitos do Decálogo, louva os que as cumprirem; faz um apelo aos «bem-aventurados», aos felizes, sobre os quais Deus reinará e com os quais conta para fundar o seu reino na terra. Muitos, dentre aqueles que o escutaram, esperavam que o Libertador de Israel revelasse os seus segredos e lhes indicasse a parte que lhes estava reservada. Estavam ansiosos por passar à ação. Cristo especificará os deveres dos seus discípulos, mas, antes de determinar o que *deverão fazer*, declara o que *devem ser*. As Bem-aventuranças dizem o que há de *caracterizar* os discípulos de Cristo. Se tiverem as qualidades exigidas por Ele, serão homens perfeitos e os construtores de um mundo melhor.

Disse primeiro «homens perfeitos». Devo começar por explicar-me, porque é frequente ouvir opiniões contrárias a essa ideia. Não dizem que o cristianismo produz homens mutilados e diminuídos, pobres seres tímidos e passivos, inimigos da iniciativa e do risco, somente capazes de obedecer? Porém, sabem embelezar habilmente os seus defeitos chamando-lhes virtudes: ao medo de vingar uma afronta chamam doçura e misericórdia; ao medo do perigo, humildade; à covardia, paciência, e assim por diante. As virtudes do cristão são «puras vontades de fraqueza». A sua doutrina, uma moral de vencidos.

Esta acusação não resistirá a um exame profundo de cada uma das Bem-aventuranças. Mas numa simples visão de conjunto podemos verificar logo a sua falsidade.

As oito Bem-aventuranças enunciadas no texto de São Mateus dividem-se em dois grupos cujos objetivos são respectivamente a *libertação* e a *grandeza* do homem. As três primeiras, as que soam mais duramente aos nossos ouvidos, mas que é necessário ouvir bem, propõem-se, à custa de libertações sucessivas, assegurar-nos uma plena independência.

1) Cristo levanta imediatamente o problema do dinheiro, porque o problema é fundamental. «Abençoados os que se libertarem das riquezas». Seria inútil propor um ideal de perfeição e de ação desinteressadas a um homem escravizado pela fortuna, dominadora daqueles que a cobiçam. O Mestre quer, de um só golpe, matar em nós a avareza e a inveja. A este respeito, é muito conhecida a frase de Berryer, um dos advogados mais famosos de há cem anos. Num processo em que estavam em jogo grandes interesses de dinheiro, este homem, de uma probidade rigorosa, recusou-se a defender uma causa que não lhe parecia justa. Admiravam-se da sua intransigência: – «O senhor teria apenas que abaixar-se para apanhar milhões», disse-lhe alguém. – «É verdade, mas teria que abaixar-me», respondeu ele. O Evangelho não permite que nos abaixemos; é uma escola de orgulho.

2) Ora o orgulho verdadeiro está no lado oposto das ambições egoístas daqueles que, em vez de porem a sua capacidade e o seu trabalho a serviço dos outros homens, procuram dominá-los e servir-se deles. Eis por que o discípulo de Cristo, livre do dinheiro, deve também renunciar às tentações da soberba. A segunda Bem-aventurança ensina-lhe que os verdadeiros senhores da terra são sem dúvida os que não se dobram, mas cuja autoridade assenta apenas na doçura e no sacrifício de si próprios.

3) Cristo obriga-nos a encarar uma terceira vitória sobre nós mesmos. Atacando o preconceito milenário que designa como «felizes deste mundo» as pessoas a quem tudo corre bem e que podem gozar de todos os prazeres, coloca mais alto a nossa felicidade e exige dos seus discípulos uma serenidade nunca diminuída nem pelas contrariedades nem pelos reveses. São as dificuldades, as provações e as lágrimas que criam os caracteres nobres.

Sem dúvida estas três primeiras Bem-aventuranças mostram, principalmente, as restrições que impõem. Privações radicais, mas semelhantes ao podar dos ramos inúteis que assegura a força da árvore. Suprimimos apenas o que atrasa o nosso crescimento; «diminuímo-nos» exteriormente só para que se desenvolva em nós a força de alma indispensável à realização das Bem-aventuranças seguintes. Este segundo grupo está inteiramente voltado para a ação. O discípulo de Cristo, libertado da avareza, do orgulho e da procura de satisfações, está preparado para dar todo o rendimento da sua energia. Longe de o acusarem de passividade, poderiam antes acusá-lo de temeridade.

4) O discípulo deve, na verdade, ter fome de perfeição, sede de justiça. Livre das correntes que o sujeitam a si próprio, observará doravante a lei de Cristo, o amor que desconhece qualquer medida e que se prova pelo serviço. O amor e o serviço de Deus proíbem-lhe a mediocridade, o *quantum satis*; exigem-lhe um contínuo vencimento próprio e uma constante doação pessoal em benefício de seus irmãos. Seus desejos de felicidade não passariam de palavreado, se não se traduzissem em serviço e em amor ao próximo. Será adversário do pecado quando se tornar campeão da justiça entre os homens.

5) Mas a justiça tem regras exatas e consequentemente limites, assim como tem uma parte inevitável de cálculo. O cristão ultrapassará estes limites para se perder na caridade que nenhum regulamento limita. Cristo dirige-se ao coração do cristão: «Bem-aventurados os que têm compaixão, os misericordiosos, aqueles cuja felicidade está em tornar felizes os outros».

6) O Salvador faz saltar as pontes atrás de nós para nos impedir a retirada. No exercício da virtude, não podemos muitas vezes evitar obedecer a considerações pessoais, ceder à vaidade ou seguir o simples impulso das nossas simpatias. Cristo, porém, não quer este retorno indireto a nós mesmos. Devemos apenas ter como objetivo o serviço de Deus, o serviço do próximo; avançar sem estabelecer condições; agir sem duplicidade. «Bem-aventurados os homens retos, os corações isentos de qualquer egoísmo: só eles verão a Deus».

34 GEORGES CHEVROT

7) Mas eles merecem também, e imediatamente, o título de filhos de Deus. Não têm apenas o nome; são-no na realidade (1 Jo 3, 1) porque têm em si o dom divino por excelência, a paz. Paz da consciência, paz do espírito, paz do coração, paz resplandecente, que fará deles os pacificadores da terra.

8) Este programa não entra em linha de conta com as oposições que os cristãos hão de encontrar? As mais terríveis sairão deles próprios; mas terão de lutar ainda contra vontades contrárias, que se hão de levantar do exterior contra eles: é o assunto da oitava Bem-aventurança, que Cristo desenvolve com amplitude. Aspirar à santidade e condenar a injustiça não são trabalhos que permitam qualquer repouso. No combate pelo reinado de Deus contra o reino do pecado, os discípulos terão golpes a dar e golpes a receber, Eis a «guerra santa» para a qual os convida e de que sairão vencedores se suportarem corajosamente o sofrimento, os ultrajes, as calúnias e até a morte. «Bem-aventurados os que forem perseguidos por amor da justiça, porque deles é o reino dos céus».

Pergunto sinceramente: os cristãos, cujo retrato Cristo acaba de nos fazer, deixam a impressão de homens enfraquecidos e débeis? As virtudes que devem caracterizar os discípulos serão «vontades de fraqueza»? Não serão, pelo contrário, «vontades de grandeza», que nos obrigam a ver mais alto, a defrontar todos os perigos e a arriscar toda a nossa coragem?

Não se trata de saber, de momento, se muitíssimos cristãos são infiéis a este ideal. Estes serão, certamente, os primeiros a lamentá-lo, pois, se este ideal deixar de ser o deles, já não terão o direito de se dizerem cristãos. O simples enunciado das Bem-aventuranças mostra pelo menos que a dignidade do homem não está ao nível da terra e que, impondo-nos o cumprimento perfeito da lei do trabalho nesta vida, Cristo nos prepara para ultrapassarmos a condição humana.

Santidade e progresso

Concluiremos esta introdução ao comentário das Bem-aventuranças com uma referência ao seu valor social.

Bem-aventurados! Esta expressão já não nos pode iludir. Muitos, na verdade, esperam da religião que ela lhes dê a felicidade por meio de prodígios ou por não sei que encantos mágicos. Cristo, porém, liberta-nos de imaginações pueris. Não prometeu *milagres*, mas revelou-nos a força *maravilhosa* de que os homens dispõem para se tornarem felizes. Seu ensinamento é, na realidade, um fator incomparável de progresso humano. A reforma do mundo seguir-se-á à reforma pessoal de cada um: será uma consequência natural. E isto não é apenas um ponto de vista marginal do Evangelho. O futuro da humanidade é um dos aspectos do reino messiânico, não na forma de um milenarismo suspeito, mas pela impregnação lenta da doutrina das Bem-aventuranças no coração dos homens.

É natural que se tenha reparado no fato de que o reino de Deus é sempre apresentado no Evangelho como o regime de uma coletividade, tanto na sua fase presente como no seu fim glorioso. Cristo não conhece cristãos «isolados». O ideal descrito nas Bem-aventuranças é o de uma *sociedade* de homens animados de um mesmo espírito.

É certo que esta sociedade não reunirá a universalidade dos homens, pois os cristãos terão sempre de suportar calúnias e violências. No último dia da nossa história «haverá, dizia o Salvador, gente tão indiferente como eram, no tempo de Noé, os homens que comiam, bebiam e se casavam, até que veio o dilúvio» (cf. Mt 24, 38-39).

No entanto, a obra de Cristo liga-se ao desígnio de Deus que, para levantar de novo a humanidade, escolheu um povo encarregado de o dar a conhecer às outras nações. Os próprios desvios do povo eleito serviram às intenções divinas, porque, depois do exílio da Babilônia, não tendo podido recuperar a sua autonomia, espalhou-se pelas outras nações e levou até elas a sua fé religiosa. A sociedade dos discípulos de Cristo sucederá a Israel; formará o novo povo de Deus, um povo sem fronteiras, constituído por todas as raças e onde se misturarão todas as línguas. A sua Igreja, como Ele lhe chamará, deverá levar e conduzir a humanidade à realização total do seu destino.

Mas o reino de Deus, edificado com as dimensões do universo, não vem substituir nem repetir as instituições políticas dos homens. *O meu reino* – Jesus disse-o claramente – *não é deste mundo*; não terá nem os objetivos nem a estrutura de um império terrestre. Mas enganar-se-ia quem pensasse que, não sendo deste mundo, não tem de agir *sobre* o mundo. Pelo contrário: a ação temporal do Evangelho será tanto mais profunda quanto menos sair do seu próprio plano: a santificação do mundo. O progresso humano é tributário da santidade dos homens.

Não se verifica uma exata coincidência entre a soma de calamidades que atingem a nossa época e o relaxamento da moralidade pública? E a virtude, não se tornou ela mais rara desde que diminuiu a esperança do céu? E, no entanto, o desenvolvimento da técnica deveria ter aumentado a felicidade na terra.

Prosseguindo na conquista do universo, o homem obtém novas energias e novas riquezas que, graças às máquinas, deveriam fornecer a todos os indivíduos, com uma maior comodidade, novas possibilidades de uma cultura intelectual mais vasta. A técnica aboliu, praticamente, as distâncias entre os continentes e facilitou os meios de comunicação entre os habitantes do planeta, agora mais conscientes da sua solidariedade, e consequentemente mais aptos a estabelecer entre si relações pacíficas.

Ora, este progresso maravilhoso da ciência joga atualmente *contra* o progresso humano. Os homens estão oprimidos pelas suas invenções: aqui a máquina acumula produtos que não se consomem; ali aumenta o número de operários sem trabalho que não têm pão. Os Estados, para sustentarem guerras gigantescas, que lançam na miséria regiões inteiras, dissipam as riquezas do subsolo e o gênio dos inventores.

Por acaso culparemos a ciência destes resultados lamentáveis? Não, certamente. As descobertas do espírito humano realizam-se de acordo com o plano de Deus. Não nos lamentemos de que haja muitos sábios: a nossa infelicidade é que não haja muitos santos, que a consciência não tenha progredido num ritmo igual ao da ciência. Por sua prudência e por sua virtude, o homem aplica as invenções científicas em fazer o bem; mas se as utiliza para satisfazer as suas paixões, essas invenções favorecem a sua ruína.

O progresso moral do homem deve unir-se, quanto antes, à sua evolução intelectual e caminhar a par do desenvolvimento da técnica. «Já não se pode fazer parar a ciência», declarava um dos físicos mais eminentes, Luís de Broglie. Seria inútil pedir que se fechassem os laboratórios, como se a nossa salvação dependesse de uma humanidade menos sábia. Mas também não se deve fazer parar o *progresso da consciência*, reduzindo ao mínimo as suas exigências; nem o *desenvolvimento da virtude*, tornando deuses os instintos; nem *a fé em Deus*, cuja autoridade delicada ajuda o homem de fé a cumprir todos os seus deveres. O nosso mundo precisa de santidade; precisa de homens que tomem o Evangelho como norma de vida.

É muito fácil opor a uma caricatura do cristão, unicamente preocupado em não deixar fugir os bens do céu, a resolução inabalável do materialista, que quer dar aos homens todo o bem-estar possível, para lhes criar um céu cá na terra. O contraste impressiona. Esconde apenas o erro grave de falsificar o Evangelho que, longe de encobrir aos cristãos as suas obrigações imediatas para com os outros, as impõe como um preceito religioso. É tomando em consideração o nosso sacrifício pelos nossos irmãos que, no dia do Juízo final, Cristo separará os eleitos e afastará dEle os que não se tiverem compadecido dos sofrimentos humanos (Mt 25, 31-46). Por isso, nunca os cristãos poderão ser acusados de não melhorarem a sorte presente dos desgraçados. Basta ler o texto das Bem-aventuranças. Pelo seu desinteresse, pela sua doçura e tenacidade, os cristãos devem fazer triunfar à sua volta a justiça, a benevolência e a paz. Os homens não são insensíveis às necessidades dos seus irmãos por crerem em Deus. Antes pelo contrário, os fatos mostram que eles se tornam desumanos quando põem Deus de parte, e que fazem da terra um inferno quando pretendem suprimir o céu.

Alguns, porém, levantam outra objeção. «Os verdadeiros cristãos, dizem, são apenas um punhado no mundo; e como se pode esperar que consigam transformar multidões que apenas acreditam no dinheiro, na força e na astúcia?» A história responde-lhes que é a ação de elites pouco numerosas que está na base de todos os renascimentos. Deus, para salvar o gênero humano, apoiou-se sempre em minorias fracas: outrora, nos doze filhos de Jacó e, mais tarde, nos doze galileus. Em vez de servir-se dos impérios poderosos da Caldeia ou do Egito, escolheu um pequeno povo, sufocado no meio de nações pagãs.

Mesmo no seio do povo judaico, multiplicaram-se as infidelidades e as apostasias. Mas para Deus bastou que sete mil homens – proporção irrisória – não tivessem dobrado o joelho diante de Baal (1 Re 19, 14-18), que um «pequeno resto» escutasse as lições dos profetas, que quinze centenas de homens – «um resto de foragidos», dirá Esdras, o seu chefe –, aceitassem reconstruir Jerusalém (Esdr 9, 8-15).

Cristo, pessoalmente, converteu à sua causa apenas um «pequeno rebanho», mas considerava que seriam um grupo de homens intrépidos (Lc 12, 32). Para levedar a massa, a dona de casa da parábola precisa apenas de um pouco de fermento. No dia seguinte à Ascensão, apenas cento e vinte discípulos esperavam em Jerusalém a vinda do Espírito Santo. O suficiente para que, na tarde de Pentecostes, três mil fiéis tivessem podido unir-se à Igreja nascente.

Deus teve o cuidado de nos avisar: «Os meus pensamentos não são os vossos pensamentos, e os vossos caminhos não são os meus caminhos» (Is 55, 8). Temos razão quando empregamos todos os meios humanos para dar a conhecer os princípios evangélicos; mas, para revolver o mundo, Deus conta mais com a pobreza de um Francisco de Assis, com a caridade de um Vicente de Paula, com a trágica solidão de um Charles de Foucauld perdido no Hoggar.

Nós procuramos a quantidade; temos a obsessão do número. Deus olha para a qualidade. Nós não o sabemos, mas Deus sabe em que medida fazem avançar o seu reino na terra uma Santa Teresa de Lisieux, ao levantar os olhos para o céu durante os violentos ataques de tosse da sua última doença, ou a anônima mãe de família que lhe oferece o seu trabalho cansativo, ou ainda um certo pároco de aldeia que reprime as lágrimas ao celebrar a missa diante de três velhinhas. Na verdade, para a realização dos seus maiores desígnios, Deus emprega apenas alguns instrumentos fracos, mas se estes obedecem docilmente aos movimentos da sua mão, com eles transformará o mundo.

Podemos, por isso, ter confiança, pois o Senhor não cessa de dirigir a marcha da humanidade para os seus destinos, mesmo quando ela parece fugir à sua ação. Escrevia o historiador Ozanam: «Há séculos que não avançam; séculos que recuam... Nesses períodos de desordem, Deus deixa as pessoas senhoras dos seus atos, mas tem a mão sobre as sociedades. Deus não suporta que elas se afastem para lá do ponto marcado, e é lá que as espera, para novamente as aproximar, por um atalho difícil e tenebroso, da perfeição que por um momento esqueceram».

Mas para as conduzir de novo pela estrada do progresso humano, Deus reclama a ajuda de verdadeiros cristãos que, misturados com os outros homens, cumpram com perfeição a sua tarefa na terra. «O mundo pode mudar, se vós mudardes», dizia Gratry aos cristãos do seu tempo. «Se vós mudardes, o mundo pode mudar; e tendes no Evangelho todas as luzes e todas as forças para criar, um como consequência do outro, o homem novo e o mundo novo».

PRIMEIRA BEM-AVENTURANÇA

Os pobres segundo o Evangelho

Que estranho reformador, este Profeta galileu! À sua volta comprime-se um público formado principalmente pela arraia-miúda, que espera que os tempos messiânicos melhorem, finalmente, as duras condições da sua existência; e em vez de lhes prometer fortuna, como geralmente fazem os políticos, Cristo, sem preocupações de oratória, e como se exprimisse uma verdade elementar, começa por enaltecer, perante os pobres, as vantagens da pobreza.

Dois mil anos depois, o mundo choca-se igualmente com o enunciado da primeira Bem-aventurança. Quando o Evangelho ordena o amor e a solicitude pelo pobre, todos os espíritos se inclinam; mas aqui Ele exalta o amor da pobreza. E o sentido humano e o bom-senso revoltam-se. Não é preferível, pelo contrário, abolir a pobreza, ou pelo menos diminuir o número de pobres? Os incrédulos olham-nos ostensivamente: «Então, abençoados os pobres?! Repararam no que disseram?» Alguns acrescentam, com menos delicadeza: «Escutar-vos-emos sobre o assunto quando virmos os cristãos desprezarem o dinheiro».

Se soubessem qual a inquietação que a palavra de Deus causa nos melhores de nós! Mesmo quando julgamos não estar presos ao dinheiro, ainda o dinheiro nos prende em maior ou menor medida. E porque temos a certeza da palavra do Evangelho, nunca estamos completamente tranquilos.

Devemos, no entanto, evitar na interpretação desta Bem-aventurança uma dupla dificuldade: uma consiste em acentuar tão fortemente o seu rigor que se tornaria impraticável à maioria dos homens, pois todos são chamados a fazer-se discípulos de Cristo; a outra, em enfeitá-la e adoçá-la ao ponto de não passar de uma virtude de fachada, hipócrita e ineficaz.

Muitos cristãos perguntam-se: «Até onde nos obriga o apelo de Cristo à pobreza?» Por isso, é necessário advertir que, para compreender bem a doutrina das Bem-aventuranças, se torna indispensável, de uma vez para sempre, riscar a expressão *até onde?* Já não estamos, na verdade, nas regiões do legalismo, com as suas sábias classificações e as suas penalidades tarifadas. Na escola de Cristo, não se concedem prêmios nem nota dez; o reino de Deus é o reino da liberdade. Deus estabeleceu um só preceito: *Tu amarás.* Ora o amor dá-se espontaneamente; não se obtém por encomenda e ignora limites, embora tenha graus. Amamos mais ou menos, mas nunca estamos quites no amor e podemos sempre amar cada vez mais. As Bem-aventuranças não conhecem outro regulamento, e sem esta chave, que usaremos muitas vezes, tornam-se incompreensíveis. Agora, porém, interessa-nos saber que pobres são esses a quem Cristo abre primeiro as portas do seu reino.

No texto de São Lucas, Cristo interpela diretamente os assistentes: *Bem-aventurados vós que sois pobres.* A pobreza que Ele louva é, na realidade, a pobreza de fato, mas a condição social dos seus ouvintes em nada se parece com a do proletariado moderno. A uns desgraçados, encerrados de dia em fábricas e de noite amontoados em tugúrios sórdidos de ruas sem ar, não teria dito: «Vós sois bem-aventurados». Dizia Gandhi: «Eu não prego a pobreza voluntária a um povo que sofre de pobreza involuntária».

Aqueles a quem Cristo se dirige vivem do trabalho do campo, da pesca ou do comércio. O Mestre declara que a sua situação modesta lhes permitiu vencer o primeiro e o mais difícil obstáculo ao reino de Deus no coração dos homens. Salvo exceções, não são nem indigentes nem miseráveis. A miséria, essa chaga repugnante das civilizações decadentes, é o fruto apodrecido do pecado, o resultado da preguiça e da embriaguez, e também de uma desordem social que tolera a exploração desumana dos desgraçados.

A pobreza evangélica não é miséria nem indigência; é, como escrevia Gratry, «a vida quotidiana conquistada pelo trabalho. Definida assim, é manifestamente coisa santa e sagrada, que todos nós devemos respeitar, estimar e procurar... É a mãe do trabalho e do esforço; a mãe de toda a virtude. É a mestra do gênero humano».

A pobreza que Cristo exige dos seus discípulos está menos ligada a um estado econômico que ao estado da alma. Eis por que o pensamento divino está sem dúvida melhor traduzido no texto de Mateus: *Beati pauperes spiritu*, que uma edição recente traduz assim: «Bem-aventurados os que têm alma de pobres».

Com efeito, o pobre que não é corroído pela preocupação do dinheiro, é em princípio mais acessível às realidades espirituais; livre de interesses pessoais, facilmente se põe a serviço do bem comum. Isto não é, contudo, uma lei geral. A avareza pode manifestar-se a propósito de um metro quadrado de terra. Um pobre preocupado com as dificuldades materiais pode ceder à angústia e invejar o bem de outro. Esta cobiça transformou-o num escravo do dinheiro, e embora seja pobre de fato, o seu coração já não está livre para se elevar até Deus e dedicar-se aos seus semelhantes: não tem «alma de pobre».

Por outro lado, não há dúvida de que «os pobres» de quem Cristo fala são exatamente os mesmos a quem os livros do Antigo Testamento dão o nome de *anawim*. Nos três séculos que precederam a era cristã, o povo judaico, oprimido sucessivamente pelos gregos, pela dinastia de Herodes e pelos romanos, foi ao mesmo tempo mais religioso e mais desgraçado do que nunca o fora em toda a sua história. A sua desgraça, que em uns provocava um exaspero sempre pronto para a revolta e em outros um desprezo orgulhoso pelo conquistador, foi, para uma elite, motivo de uma elevação moral surpreendente: eram os *anawim*. Desprovidos de honras e de vantagens terrenas, instrumentos e muitas vezes vítimas do capricho dos poderosos, tinham como única esperança a misericórdia do Senhor. Por isso, na linguagem bíblica, o primitivo significado da palavra *anawim* ampliou-se para designar, conjuntamente, o homem *pobre, humilde e confiante em Deus.*

Esta assimilação nota-se especialmente na leitura dos escritos poéticos, em virtude de um processo da poesia hebraica chamado paralelismo, que consiste em repetir o mesmo pensamento em duas frases simétricas e muitas vezes com termos sinônimos. Abundam os exemplos em que se verifica que a ‹ ‹pobreza» tem outros equivalentes além da indigência dos bens materiais. Os *anawim* são humildes. Assim neste oráculo de Isaías:

> Deus julgará os *pobres* com justiça.
> Ele se declarará com retidão
> a favor dos *humildes* do país (Is 11, 4)

Os *anawim* são homens piedosos, como neste salmo:

> Escuta, Senhor, recebe-me favoravelmente,
> pois sou desgraçado e *pobre*.
> Guarda-me, porque te sou *fiel* (SI 86, 1)

Os *anawim* têm esperança em Deus, melhor ainda, procuram-no:

> Os *pobres* hão de ver a minha libertação
> e hão de alegrar-se;
> vós que *procurais a Deus*,
> o vosso coração viverá (SI 69, 33).

Que o *anaw* não é apenas o necessitado, prova-se facilmente. Moisés, o profeta incomparável, o chefe do povo eleito, é honrado com este título no livro dos *Números*: «Moisés foi *anaw*, mais do que qualquer outro homem na terra» (12, 3). E no fim da antiga aliança, a mais perfeita «alma de pobre» aparece na Virgem Maria, que dá graças a Deus porque «Ele lançou os olhos sobre a *humildade* da sua serva, Ele que estende a sua misericórdia *sobre os que o temem*, que exalta os *humildes*, que enche de riquezas os *famintos* e despede de mãos vazias os ricos» (cf. Lc 1, 46-53).

O *Magnificat*, cântico dos *anawim*, faz realçar claramente o sentido moral que a Bíblia atribui à palavra «pobre».

Assim são os *pauperes spiritu* que Cristo convoca: homens que procuram a Deus e que têm esperança nEle. Será pela sua pobreza, porque a terra não os pode satisfazer, que eles olham para mais alto? É verdade que, para não nos tornarmos escravos dos bens da fortuna, o melhor ainda é nada ter. Todavia, se a riqueza material se apresenta como um obstáculo a vencer, o cunho principal do pobre, segundo o Evangelho, é a sua confiança em Deus: não procurará o apoio do dinheiro porque na incerteza do amanhã olha primeiro para Deus. No entanto, como seria pueril supor que o homem pode viver sem recorrer aos bens da terra, Cristo apenas exige dos seus discípulos – e de todos sem exceção – independência real e completa, consentida e amada, em relação aos bens da terra, tanto em relação aos bens que não se possuem como aos que se podem possuir.

Certamente não é necessário esclarecer que a pobreza evangélica não constitui um fim: a perfeição não poderia residir numa operação negativa. A pobreza é apenas um meio. Veremos mais adiante que essa libertação permite ao homem descobrir e aumentar a sua riqueza como pessoa, e tornar-se disponível para o dever que Deus lhe impuser para com os seus semelhantes, enriquecendo assim os outros. Não nos convencemos disso, logo que pomos os olhos em Cristo, o modelo do desapego que devemos imitar? «Conheceis, escrevia São Paulo, a generosidade de Nosso Senhor Jesus Cristo. Não sabeis que, sendo rico, se fez pobre por vós, para vos enriquecer com a sua pobreza?» (2 Cor 8, 9).

«Jesus Cristo sem bens, observa Pascal, mostra-se na essência da sua santidade... Aos olhos do coração que penetra a sabedoria, como Ele veio com grande pompa e prodigiosa magnificência!» Se, por um absurdo, Cristo se alinhasse ao lado dos privilegiados da sorte e no cenário do poderio humano, não teria conduzido ninguém para Deus, e, ao abandonar a terra, tê-la-ia deixado tão miserável como antes. Na verdade, não havia perigo de que as nossas riquezas o perturbassem. Se decidiu ignorá-las, foi para nos fazer compreender que aqueles que, seguindo o seu exemplo, se desprendem delas, são os únicos homens capazes de transformar o fundo do seu ser e enriquecer a comunidade humana. Só eles são verdadeiramente livres, livres para pensar sem preconceitos, livres para agir com desinteresse, livres para amar com um coração isento de ódio e de inveja.

A escravidão das riquezas

A narrativa de São Lucas liga à primeira Bem-aventurança a seguinte apóstrofe: *Ai de vós, ricos, porque recebestes a vossa consolação.* Esforcemo-nos por compreender corretamente esta palavra do Senhor.

Ai de vós, ricos. Pode-se observar, antes de mais nada, que a condenação de Cristo tem por objeto o homem e não as riquezas em si. Não é Deus o autor dos bens terrenos que tantas pessoas disputam avidamente, em vez de as utilizarem em proveito de todos? O Evangelho não nega que estes bens contribuem para a nossa felicidade, nem que o bem-estar individual depende da prosperidade de um país; existe, portanto, uma obrigação social de os valorizar.

Deus não condena nem o espírito de iniciativa nem as transações de um negócio sério. Aliás, a terra só dá as suas riquezas em troca do trabalho humano. A colaboração do homem com Deus é uma lei fundamental da Criação; graças a ela, a terra pode produzir bens suficientes para que cada um de nós tenha a sua parte. Deus põe esses bens à disposição da comunidade humana, deixando-lhe o cuidado de fazer uma divisão justa entre os seus membros, o que constitui uma condição para que estes mantenham relações fraternais. Os bens de fortuna merecem, pois, o nome que têm, são para nós «um bem», enquanto não fizermos mau uso deles.

No entanto, diversas circunstâncias moralmente louváveis ou indiferentes – por exemplo, o arrojo e a habilidade dos homens, a fertilidade do solo e os seus recursos escondidos – têm como resultado que uns possuem mais do que outros. Torna-se, pois, necessário dizer quais os deveres que daqui resultam para os primeiros, mas deve-se também sublinhar que a desigualdade na posse dos bens decorre do exercício legítimo da liberdade humana, fora os casos de aquisições injustas. Eis por que Cristo, na sua condenação, não engloba ao acaso todos os ricos. Indica aqueles cuja fortuna os afasta dEle: «Ai de vós, ricos, porque recebestes a vossa consolação». É antes a qualidade dos possuidores que é visada.

Ao contrário dos bem-aventurados que têm «alma de pobres», os desgraçados que têm «alma de ricos» são aqueles a quem o dinheiro atormenta ou contenta. Não olham para dentro, nem para longe, nem para cima de si próprios; desde que ganhem e acumulem, ei-los *satisfeitos*. Palavra terrível, que qualifica o seu pecado e anuncia o seu castigo. Cristo «deixa-os sós» com «o que lhes basta»: com as mãos cheias e o coração vazio. Julgam possuir; na realidade, são possuídos pelo dinheiro.

Não é caso para sorrir quando se ouve Jesus Cristo falar da infelicidade dos escravos da fortuna. O Mestre vê mais longe e mais alto do que nós; conhece melhor do que nós o coração dos homens e o que pode satisfazer as suas aspirações. Um dia, dirigindo-se, não a alguns discípulos fervorosos, mas – Lucas especifica-o – «à multidão que se juntara aos milhares, a tal ponto que se atropelavam uns aos outros» (12, 1), esclareceu a terrível fórmula que pronunciara na montanha: «Guardai-vos e acautelai-vos de toda a avareza, porque a vida de cada um, ainda que esteja na abundância, não depende dos bens que possui» (12, 15).

Conta-lhes então a parábola de um rico lavrador, cujo campo dera frutos em tal abundância que não sabia onde guardar a colheita, pois os celeiros eram pequenos. Mas na própria noite em que projetara construir uns maiores, todos os bens que julgava possuir passaram para outras mãos. E Cristo pergunta: e à vida, o único bem que era seu, que lhe acontecerá? Quer dizer, que fez dela? Viveu apenas para enriquecer, quando os bens da terra se destinam a ajudar-nos a viver. Viver plenamente, cultivar o espírito, aumentar o valor moral, desenvolver todos os dons recebidos, fazer da vida uma obra-prima, eis em que consiste a principal tarefa de qualquer homem. A obra falhou, se apenas se acumularam riquezas supérfluas.

Sim, à letra, pobres dos ricos que nada fizeram na sua vida, que nem sequer tiveram tempo para viver e experimentar o preço de uma vida! Já se ouviu dizer alguma vez que os sábios ou os artistas em geral tivessem enriquecido? Homens como eles enriqueceram os outros, ainda que muitas vezes o seu valor só tivesse sido reconhecido depois da morte. Dignificam a humanidade, embora as suas vidas tenham um valor diferente da dos *bons vivants* e dos que «vivem a vida».

Que elevação moral se pode esperar de um homem dominado pelo dinheiro? O estoico Epiteto considerava tão difícil ao rico adquirir sabedoria como ao sábio adquirir riqueza. Não há dúvida de que todos trazemos dentro de nós as mesmas paixões, igualmente exigentes, mas não lhes resistirão com mais dificuldade aqueles a quem o dinheiro permite satisfazer todos os desejos? Um tal poder tem qualquer coisa de terrível. Já antes do cristianismo Platão declarava que «o ouro e a virtude são semelhantes a dois pesos, colocados na mesma balança: um não pode subir sem o outro descer».

É por isso que não ficamos surpreendidos quando ouvimos o Senhor afirmar que «é mais fácil a um camelo passar pelo buraco de uma agulha do que a um rico entrar no reino dos céus», e que a palavra de Deus é abafada no coração de um rico «como a semente caída no meio das silvas». O rico satisfeito pensará realmente em Deus? Será realmente capaz de lhe pedir o pão de cada dia, quando ele próprio o tem para vender? Mostra-se, sem dúvida, favorável à Igreja: porventura ela não defende o direito de propriedade? Associa-se talvez às suas obras, mas, quanto a crer no Evangelho, já é outra questão. O Apóstolo Paulo confessa a Timóteo que conhece fiéis que se afastaram da fé porque quiseram *enriquecer*. E é preciso notar a diferença: não atribui a causa somente à posse, mas ao simples desejo. «O amor pelo dinheiro, diz ele, é a raiz de todos os males» (1 Tim 9-10). Depois disto, será preciso insistir para justificar a maldição lançada por Cristo contra um estado social em que a opulência de uns tem por penhor a indigência dos outros?

Pio XI denunciava sem rodeios a divisão irredutível que o triunfo do dinheiro criou na sociedade: «De um lado, uma minoria de ricos que goza de quase todas as comodidades proporcionadas por uma tão grande abundância de modernas invenções; de outro, uma enorme multidão de trabalhadores reduzidos a uma angustiosa miséria e que se esforça inutilmente por sair dela» (Encíclica *Quadragesimo Anno*). A concentração das riquezas nas mãos de um pequeno número de homens, explicava o papa, conferiu-lhes um poder econômico discricionário, e são esses os que governam as finanças, inclusive no plano internacional.

Como não poderia um tal estado de coisas falsear as reivindicações da justiça, até as tornar odiosas? São, infelizmente, os maus ricos os que fazem os maus pobres. Aristófanes, numa das suas comédias, personificou a Pobreza numa figura violentamente invectivada pela sociedade de Atenas. De nada lhe vale protestar: «Sou eu que torno os homens melhores». Expulsam-na brutalmente, mas ela retira-se com estas palavras de desafio: «Há de vir um tempo em que voltareis a chamar-me». Já alguma vez os homens voltaram a chamá-la? Não será antes Deus que no-la envia, no dia seguinte às catástrofes em que nos lançaram as rivalidades por causa do velo de ouro?

O exemplo dos maus ricos é como uma mancha de óleo, mas, por sua vez, os pequenos tomam-se do frenesi de possuir. Como o dinheiro é rei, o trabalho perde a sua nobreza. Já não se trata de conceber e executar uma obra bela: agora, trabalhar tornou-se sinônimo de ganhar dinheiro. Hoje «trabalhou-se» bem, diz o comerciante, esfregando as mãos.

Péguy fazia remontar a decadência do mundo moderno ao dia em que os pais começaram a recompensar os seus filhos estudantes abrindo-lhes uma caderneta de poupança! Substituíram a mola do dever pela do interesse. «É a caderneta de poupança, escrevia, que se opõe diametralmente aos Evangelhos. Só ela tem força bastante. Não é ela o oposto do vício e, aparentemente, do pecado? Não é a honra e a virtude oficial? Não é o símbolo e o manual do perfeito virtuoso? Não é a própria base da instituição familiar? Não: é a primeira cunha metida em seu tronco; é o símbolo e o manual e o primeiro instrumento do entorpecimento, do amortecimento, da dessecação da família e da raça».

Neste aviltamento do «mundo moderno» a que Cristo chamava simplesmente *o mundo*, fica-nos a esperança de que o cristão consiga não se contaminar. Transportemo-nos à Epístola de São Tiago, que nos oferece o comentário mais oportuno ao assunto de que tratamos. O Apóstolo condena os cristãos ricos que, ultrajando o pobre, blasfemam do nome de Cristo que ostentam (2, 2-7), e nos últimos trechos já não contém a sua indignação contra os que, conhecendo o Evangelho, ainda estão presos ao dinheiro: «Defraudam o salário dos trabalhadores e vivem na luxúria e nas delícias, fartos como o animal que se engorda para o dia da imolação» (5, 1-5).

Oxalá esta linguagem dura não possa condenar nenhum de nós!

O ativo do Cristão

«O reino de Deus é vosso!» Se a primeira condição a realizar para se ser cristão é uma independência profunda quanto à fortuna, é preciso que Cristo reduza os seus discípulos à nudez. Liberta-os da escravidão do dinheiro, mas para lhes dar a conquistar uma riqueza de maior preço. O reino de Deus é deles: quer dizer, pertence-lhes tudo o que Deus reserva aos homens no céu e tudo o que lhes preparou na terra, porque – já o dissemos – não há descontinuidade entre os bens presentes e os futuros. Então, em que consiste o patrimônio atual dos cristãos?

Destruindo o preconceito que associa a felicidade do homem à posse de bens exteriores, o Evangelho ensina-nos a *criarmos* nós mesmos a nossa felicidade. Todos os bens materiais que adquirimos, podemos perdê-los; não nos pertencem, não fazem parte de nós. A ciência de um homem, pelo contrário, a sua habilidade profissional e valor moral, a sua força criadora e ainda mais a sua dignidade humana e a sua condição de filho de Deus fazem parte do seu eu; ninguém lhas poderia tirar. Estas qualidades interiores, pessoais, constituem a sua verdadeira riqueza.

Porém, o cristão, tal como outro qualquer, não pode privar-se dos bens que a terra lhe oferece. Vivendo em sociedade, deve trocar esses bens por outros, recorrer à moeda, manejar dinheiro. Tem necessidade desses bens exteriores para a sua vida individual e familiar, para ampliar a sua atividade e melhorar a sua ação. Por isso, e para ficar *independente* das riquezas que lhe são *necessárias*, o cristão *pode* apropriar-se delas e *deve* servir-se delas na medida em que forem úteis à sua vida, na medida em que servirem para o seu aperfeiçoamento e lhe permitirem cumprir a sua função social e a sua vocação divina. Quando Cristo e os doze apóstolos percorriam as estradas da Palestina pregando a Boa Nova da salvação da humanidade, estavam também sujeitos à lei geral; não eram alimentados miraculosamente. A sua bolsa comum era abastecida pelo dinheiro dos discípulos, que também lhes ofereciam hospitalidade.

Vê-se, pois, que a doutrina do Evangelho não se move em regiões de utopia; olha para as realidades da vida quotidiana. Mas garante a verdadeira riqueza do cristão, obrigando-o a subordinar os bens exteriores à dupla dignidade da sua pessoa e da sua vida.

Longe de glorificar a indigência, Cristo condena os regimes sociais que lhe dão origem. Um desgraçado, desprovido de recursos, ver-se-á, de fato, obrigado a alienar a sua liberdade e não poderá viver uma vida especificamente humana. «A pobreza do corpo, dizia Lacordaire, arrasta a da alma…; o indigente desce ao plano do instinto animal; com a preocupação pelas necessidades materiais, esquece a sua origem e o seu fim; lança ao vento a vida divina cujo germe está nele, e a sua única preocupação é obrigar a terra a dar-lhe os bens da eternidade». Sim, a miséria materializa os homens muito mais do que a opulência.

São Tomás de Aquino exprime o ensinamento da tradição através desta ideia, tantas vezes citada: «É impossível praticar a virtude se não se possui um mínimo de bem-estar». E é preciso fazer notar que o santo não reivindica somente o *necessário* para cada um, sem o qual só resta morrer, mas o *bem-estar* indispensável ao pleno desenvolvimento da vida. O desenvolvimento do espírito, a educação moral e até as aspirações religiosas estão praticamente vedadas a quem não estiver livre das preocupações materiais. Esses bens superiores exigem uma vida desafogada. Que uma categoria de homens esteja privada de cultura intelectual, científica e artística, que esta seja exclusivamente determinada pelo luxo ou pela miséria de nascença, é uma situação que, antes de suscitar a cólera dos homens, desafia a justiça divina: é proibida no reino de Deus.

Aqui levanta-se um problema: se Deus põe os bens da terra à disposição de todos os homens, e se todos são obrigados a recorrer a eles para viver, onde estará o procedimento justo para suprimir ao mesmo tempo a extrema pobreza e a opulência excessiva, senão numa igual distribuição das riquezas entre todos? Já observamos atrás que não existe igualdade na natureza. A justiça, portanto, não deve ser procurada na igualdade, mas na equidade.

A antiga legislação de Moisés prescrevia uma nova distribuição de terras de cinquenta em cinquenta anos, tendo por finalidade impedir a constituição de vastos domínios privados e, consequentemente, o aumento do número de pobres. Cristo teria podido pôr novamente essa lei em vigor.

Ora, não ordenou nada de semelhante; um dia, até se recusou a ser juiz numa partilha (Lc 12, 14).

Uma nova distribuição da fortuna pública seria apenas uma solução provisória, periodicamente revista, e, longe de abolir o apego às riquezas, arriscar-se-ia a generalizá-lo. Cristo pensa, pelo contrário, que um estado social, para ser equitativo, exige como ponto de partida o desprendimento das riquezas. Os problemas econômicos que as sociedades humanas terão de resolver sempre hão de encontrar mais facilmente a sua solução quando a avareza e a cobiça não deformarem os desejos dos homens. Não faltará nada a ninguém quando o *meu* e o *teu* já se não opuserem, ferozmente, um ao outro. Neste novo estado de espírito que Cristo deseja criar nos homens, estes já não disputarão as riquezas; terão aprendido a *servir-se* do dinheiro sem que a ele se tenham *escravizado*.

Só a independência perante as riquezas poderá assegurar o clima de uma sociedade fraternal, capaz, como o pedia o Papa Pio XI, de «dar a todos e a cada um dos seus membros bens suficientes para satisfazerem as necessidades de uma subsistência honesta e elevar os homens àquele grau de bem-estar e de cultura que, usado com moderação, não é obstáculo à virtude, mas pelo contrário, facilita extraordinariamente a sua prática». (Encíclica *Quadragesimo Anno*).

Por sua vez, um filósofo cristão do nosso tempo, Jacques Maritain, tecendo considerações sobre o que deveria ser o regime que sucederia ao capitalismo atual, escrevia no mesmo sentido: «A grandeza exige, ao mesmo tempo, pobreza e abundância; não se faz nada de grande sem uma certa abundância; não se faz nada de grande sem uma certa pobreza... A lei trágica, não da natureza humana, mas do pecado do homem, faz com que a pobreza de uns crie a abundância de outros: pobreza de miséria e de escravidão, abundância de cobiça e de orgulho. Lei do pecado, que não devemos aceitar, mas combater.

«O que estaria de acordo com a natureza e o que devemos pedir na ordem social às novas formas de civilização, é que a pobreza de cada um (nem fomes nem misérias, mas suficiência e liberdade; renúncia ao espírito de riqueza), uma certa pobreza privada, criasse a abundância comum, a superabundância, a glória para todos».

O cristianismo reconhece o direito de propriedade individual, mas põe-lhe limites. Qualquer homem está autorizado a possuir como coisa própria o que lhe for necessário para viver com dignidade. Além disso, a propriedade privada constitui um estímulo para o trabalho e uma garantia contra a dissipação: isto já chega para legitimá-la. Mas este direito nunca excede a medida natural imposta pela razão e limitada, para cada um, pelas necessidades reais da vida e pela sua função na sociedade. A propriedade privada não pode ser pretexto para uma acumulação inútil: erguida sobre os haveres da comunidade humana, deve estar a serviço do bem de todos. «No que diz respeito às coisas exteriores, escreve São Tomás, o homem não deve possuí-las como exclusivamente suas, mas como suas e dos outros, de forma que cada um as ponha facilmente à disposição dos outros, para socorrê-los nas suas necessidades».

De resto, o uso dos bens não exige exclusivamente a propriedade privada. Beneficiamos de tudo o que pertence às coletividades, à família, ao povo, à profissão, ao Estado. As bibliotecas e os museus públicos põem ao alcance de todos as obras-primas do espírito humano. Ver e conhecer coisas belas vale tanto como possuí-las. Parece que as novas condições da vida social tendem a multiplicar as propriedades coletivas. Pio XI deixava-o pressentir quando escrevia: «O regime da propriedade não é mais imutável do que qualquer outra instituição social».

A Igreja dá-nos um exemplo muito instrutivo disto no seu regime das ordens monásticas. Os monges fazem voto de pobreza e o que eles têm de seu é insignificante; em contrapartida, encontram na utilização limitada da propriedade coletiva o suficiente para satisfazerem as necessidades da sua vida e da sua missão. Beneficiam de meios de trabalho e de possibilidades de ação que não teriam se tivessem de se contentar isoladamente com uma propriedade privada. Mas de coisa alguma dizem que é «sua», e por isso vivem sem dificuldade na convivência com Deus e na doação de si mesmos aos outros.

É nisto que reside o ativo inalienável de todo o cristão, seja qual for o seu estado de vida. Porque libertou o seu coração dos bens secundários, aumentou a sua capacidade de amar a Deus e aos seus irmãos.

São Paulo sublinhava prontamente o erro dos que desprezavam a sua pobreza e a dos Apóstolos. «Consideram-nos como pessoas que nada temos, escrevia ele, a nós que tudo possuímos; como miseráveis, a nós que enriquecemos os outros» (1 Cor 5, 10). Por isso também declarava aos cristãos de Corinto: «Todas as coisas são vossas..., *o mundo, a vida, a morte, as coisas presentes e as futuras.* Tudo é vosso, *mas vós sois de Cristo*, e Cristo é de Deus» (1 Cor 3, 21-23). Unido a Cristo, o cristão está certo de que nada lhe faltará. Não corre atrás das riquezas, porque é ele quem deve enriquecer o mundo.

O desinteresse do Cristão

Os discípulos de Cristo só adquirem alma de pobres se renunciam efetivamente à riqueza. A condição é necessária. «Qualquer de vós, diz Jesus, que não renuncia a tudo o que possui, não pode ser meu discípulo» (Lc 14, 3). Entendamos o pensamento do Salvador.

Devemos estar prontos a renunciar a tudo o que possuímos, para ser seus discípulos. O fim a atingir é dizer sempre «sim» àquilo que Deus nos ordena. O meio de lá chegar será saber dizer «não» ao que se opõe à execução dessa vontade. *Dizer não* é o sentido óbvio da palavra *renunciar.* É preciso libertar verdadeiramente o coração das correntes que o prendem; é preciso dilatá-lo, deixá-lo livre para que possa entrar nele o amor que vem do céu e nos aproxima dos nossos semelhantes, para «depois regressarmos a Deus».

«Eu amo a pobreza», escrevia Pascal, «porque Jesus Cristo a amou». Foi também este o motivo que levou São Francisco de Assis a renunciar a possuir fosse o que fosse. Filho de um rico comerciante de tecidos, Francisco, meditando o Evangelho, descobriu que o mundo seria miserável enquanto os cristãos tivessem medo de tomar a sério os ensinamentos de Cristo. Como salvaria o mundo e a sua alma limitando-se a ser apenas um comerciante consciencioso? Abandona então tudo quanto possui, até a roupa que vestia, e desposa a Pobreza, «triste e desprezada, desde que o seu primeiro Esposo morreu na cruz» (Dante).

A Pobreza é a sua Dama; delicia-se em abraçá-la. Não clama contra os ricos, não censura os abusos do luxo, como tinham feito Basílio e Crisóstomo; mas durante dezesseis anos, até à morte, vive em pobreza absoluta. E foi por ter sido, voluntariamente, o mais pobre de entre os pobres, que atingiu um grau inexcedível de amor e alegria. O fato de que só um pequeno número de santos tenha seguido o seu exemplo – inimitável para a generalidade dos cristãos – não nos autoriza a considerá-lo inútil. Pelo menos, terá como consequência despertar o nosso arrependimento e estimular a nossa coragem, quando hesitamos perante renúncias muito menos difíceis.

Aquém desta renúncia total, a história da Igreja apresenta-nos um outro tipo de pobreza evangélica na renúncia à propriedade privada. Foi desse modo que as coisas se passaram na comunidade primitiva de Jerusalém. Para realizar o desejo manifestado por Cristo de ver reinar entre eles uma unidade perfeita, os primeiros cristãos quiseram formar uma única família. Espontaneamente, os proprietários vendiam as suas terras, as suas casas e bens, e dividiam o produto da venda por todos, segundo as necessidades de cada um. «Por isso, escreve São Lucas, entre eles não havia miseráveis. Ninguém considerava como seu aquilo que possuía, pois tudo lhes pertencia em comum.

A multidão dos fiéis tinha um só coração e uma só alma»
(At 2, 45; 4, 32).

Infelizmente, este regime de comunidade não era viável
numa coletividade que aumentava de dia para dia: alguns
anos depois, a Igreja-mãe estava num tal estado de miséria
que os cristãos das outras igrejas tiveram de ajudá-la. Mas
se esse regime não é conciliável com a autonomia das famí-
lias, em compensação convém perfeitamente às ordens religiosas, cujos membros, libertos de encargos familiares, se
dedicam ao louvor divino ou ao apostolado.

Como, porém, a ordem do Salvador se dirige a *todos* os
seus discípulos sem exceção, a maioria dos cristãos, obrigada a possuir e administrar bens, por pequenos que sejam, cumpre a pobreza evangélica se dá provas de um desinteresse real no uso desses bens. Isto nem sempre estará
desprovido de mérito.

Santo Agostinho considerava que «não se prender àquilo que se possui é mais digno de admiração do que nada
possuir». «Há inegavelmente mais coragem, observava também São Paulino de Nola, em desprezar o que temos do
que em não ter o que desprezamos». A verdade é que este
desinteresse não é coisa fácil, porque temos de repelir as
inúmeras instigações do interesse particular. É preciso,
principalmente, reagir contra a mentalidade do mundo
contemporâneo, para o qual o dinheiro é a chave que abre
todas as portas. Além disso, os cristãos só serão pobres
segundo o Evangelho quando ninguém à sua volta suspei-
tar dos sacrifícios que impuserem a si próprios.

Não falamos, evidentemente, do simples desinteresse
de pessoas honestas e justas, se bem que a probidade e o
respeito pelos direitos dos outros levem mais de uma vez

a um empobrecimento notável. O domínio das Bem-aventuranças começa onde termina o do Decálogo. Cristo convida-nos a um desinteresse verdadeiro. Pede aos menos favorecidos que fechem resolutamente o seu coração a qualquer cobiça. Ordena aos privilegiados que se desfaçam do supérfluo, em proveito dos que não têm o necessário, e convida-os a exceder essa medida obrigatória, porque um cristão não pratica a virtude da caridade pelo simples fato de socorrer os outros; só começará a amar os seus semelhantes a partir do momento em que se *privar* a si próprio em favor deles.

Gratry, na altura em que se preparava para ingressar na Escola Politécnica, quando nem lhe passava pela cabeça que um dia seria sacerdote, fez voto de nunca enriquecer. «Este voto, escrevia ele trinta anos depois, fez a felicidade da minha vida». Sem necessidade de votos, uma resolução semelhante caracteriza o cristão desprendido da fortuna. Ele tem, certamente, o seu lugar na sociedade (ninguém lhe recusa o decoro honesto que lhe reconhecia Leão XIII), mas modera as suas necessidades e satisfaz-se com uma vida material muito simples. Evita, tanto quanto possível, que o sirvam. Não esquece que deve o seu bem-estar ao trabalho muitas vezes penoso dos seus semelhantes, e recusa-se a obter seja o que for de um trabalho alheio insuficientemente remunerado.

Caminhamos, como pretendem alguns, para a supressão das classes sociais? Mesmo na hipótese de uma classe única, a vida em sociedade comportaria uma hierarquia e, por conseguinte, a desigualdade de condições. A justiça exige, pelo menos, que esta hierarquia assente nos valores do homem e não no dinheiro. Que os cristãos libertados das riquezas, graças à simplicidade e dignidade das suas vidas, destruam agora e já as muralhas artificiais que separam os homens! O desinteresse está na base de uma sociedade fraternal.

Nunca será excessivo louvar os benefícios da educação cristã, desde que não seja uma fachada. Ora, se ela não é uma educação para a pobreza, de cristã terá apenas o nome. É preciso dar aos jovens uma instrução sólida e, se for possível, uma vasta cultura, mas também desenvolver neles a nobreza de sentimentos, habituando-os a reduzir os seus desejos.

E, como é óbvio, não se lhes pode permitir que esbanjem um dinheiro que não ganharam. «Que é o dinheiro e de onde vem?, escrevia ainda Gratry. O dinheiro é trabalho acumulado; é tempo, é vida humana; é sangue, suor e lágrimas... O Evangelho chama rico, *rico amaldiçoado*, àquele que, na posse desse sangue e desse suor que geralmente não são os seus, os avilta e os esbanja para gozar. O Evangelho chama pobre, *pobre segundo o espírito*, àquele que, sabendo o que possui, respeita esses bens sagrados, e só os gasta para a salvação dos homens e o progresso do mundo».

É preciso repetir constantemente aos jovens que não devem contar com as economias dos pais, mas com o trabalho pessoal. Não se lhes deve conceder ao acaso tudo o que pedem: tornar-se-iam insaciáveis. É na escola das privações que se formam os caracteres, e só apreciaremos verdadeiramente o bem-estar da vida depois de termos sentido em maior ou menor extensão o toque da pobreza.

Se fosse necessário resumir numa frase o comportamento dos cristãos em face da riqueza, iria buscá-la a São

Paulo, que pelos fins da sua extraordinária carreira escrevia: *Sei viver na miséria e sei viver na abundância* (Fil 4, 12). E comentava assim essa frase: «Aprendi a adaptar-me a todas as situações; a estar saciado e a ter fome; à fartura e à necessidade: tudo posso nAquele que me conforta». O Apóstolo aceita os dias como eles vêm, e tira partido de uns e outros. Se tem o suficiente, não desdenha os bens da fortuna; usa-os com moderação e reparte-os alegremente com os seus irmãos. Se está na miséria, não se lamenta: aceita a privação enquanto Deus a julgar útil para o seu progresso e para o seu apostolado. Vai buscar essa identidade de alma à sua confiança em Jesus Cristo.

Jesus Cristo tem de ser a nossa força e a nossa riqueza mais preciosa. Devemos usar sem excessos e sem escrúpulos os bens que Ele nos confia, para cumprirmos o melhor possível todas as obrigações da nossa vida. Devemos saber renunciar a eles para socorrer os menos favorecidos que Deus venha a colocar no nosso caminho. «Não o levaremos conosco», dizemos, rindo, do dinheiro que gastamos. É verdade, mas levaremos conosco tudo aquilo que dermos. Certamente a nossa generosidade empobrecer-nos-á; mas o Senhor Jesus, por cuja causa nos privamos, será a nossa força e há de ser mais adiante a nossa recompensa.

A grandeza dos humildes

Vários Doutores da Igreja, principalmente Santo Agostinho, viram nos «pobres segundo o espírito» os humildes que temem a Deus. Outros comentadores pensam que por «mansos», que são o objeto da segunda Bem-aventurança, se devem considerar também os humildes. Pobreza, humildade, mansidão, são na verdade parentes próximos; e os *anawim* do Antigo Testamento, dos quais já falamos, eram exatamente os que nós hoje chamamos «os humildes». E todos eles são convidados a entrar no reino dos céus.

Muitas vezes no decurso da sua pregação, Cristo louva os humildes. Destes pobres, destes ignorados, com os quais o mundo não conta, dizia que Deus os conhece e que conta com eles para transformar a terra. Mas ainda aqui se impõe a distinção feita a propósito da pobreza. Não basta que determinada pessoa seja de condição modesta, para figurar entre os humildes do Evangelho: estes reconhecem-se pela sua modéstia de caráter, pelo seu desejo de purificação, pela ausência de orgulho.

Quem se exaltar será humilhado; quem se humilhar será exaltado. Cristo repetiu várias vezes este aforismo. O humilde a quem louva é todo aquele que se abaixa *voluntariamente*. Além disso, ao anunciar este título de grandeza, o Mestre põe geralmente o verbo no futuro. É que, por si só, a prática da humildade não engrandece o homem; para se engrandecer, esse homem terá que dar provas de outras qualidades, de inteligência, de audácia e energia. Estas virtudes ser-lhe-iam, porém, inúteis ou prejudiciais se não fosse humilde. A humildade, em compensação, abre o caminho a todas as virtudes e assegura o seu progresso. E por isso ela é a *condição indispensável* à *grandeza do homem*.

A razão é simples. Nós transviamo-nos no momento em que deixamos de ver a realidade tal como ela é, objetivamente. Ora, esta objetividade é naturalmente muito rara, porque somos propensos a considerar todas as coisas segundo os nossos gostos ou as nossas preferências, segundo os nossos desejos ou os nossos receios. Os efeitos que estas reações produzem em nós acabam por influenciar a nossa opinião e levam-nos muitas vezes a deformar a realidade. O orgulho é um dos fatores mais ativos dessa deformação. A humildade, pelo contrário, ajuda-nos a abstrair de nós próprios e a julgar as pessoas e as coisas independentemente das nossas opiniões e dos nossos sentimentos. Eis a razão por que, mantendo-nos na verdade, esta virtude é um princípio de progresso e de grandeza, assim como as ilusões do orgulho são uma causa de queda.

Mas como atingir essa objetividade? «Conhece-te a ti mesmo». Este conselho de Sócrates estabelece uma condição; não resolve o problema. Como adquirir a visão exata daquilo que sou? Responder-me-ão: consultando as pessoas que vivem na nossa intimidade; elas conhecem melhor do que nós os nossos defeitos e as nossas qualidades.

Isto só em parte é verdade. Os outros veem-nos de maneira diferente de nós; mas as suas opiniões, tal como as nossas, ressentem-se das suas ideias pessoais e das suas simpatias. Seus sentimentos também estão manchados de subjetivismo. E é precisamente aqui que triunfa o humilde do Evangelho: vai buscar as suas normas fora de si mesmo e também das opiniões dos outros. Procura conhecer-se tal como Deus o vê.

Em vez de protestarmos contra esta asserção, devemos seguir o pensamento do discípulo de Cristo. Este pode colocar-se sob o ponto de vista de Deus, porque se tornou capaz de conhecer a Deus. Diferentemente do orgulhoso, o humilde mede os limites naturais da sua razão, tem o *sentido do mistério*. O que melhor compreende de Deus é a sua incompreensibilidade; por isso não tenta o esforço inútil de encerrar Deus em conceitos ou em expressões sempre inadequadas. Em vez de definir Deus, deixa-se prender por Ele, escuta-o no interior da sua consciência, Onde Deus se dá a conhecer a quem o procura. Um dia, exultando de alegria sob a ação do Espírito Santo, Cristo exclamou: «Graças te dou, ó Pai, Senhor dos céus e da terra, pois revelas-te aos pequenos o que escondeste aos sábios e aos prudentes» (Lc 10, 21).

«Só conheceremos a Deus através de Jesus Cristo», notava Pascal. A religião da Encarnação, verdadeiro desafio à sabedoria dos homens, é acessível aos humildes, que não estranham que um Deus tenha consentido em humilhar-se para nos exaltar. Estão prontos a aceitar as condições desta exaltação. O nosso orgulho revolta-se quando a mensagem de Cristo nos convence de pecado; protesta contra uma autoridade alheia, que pretende reprimir o livre-arbítrio do homem e censurar a maneira como o emprega. A humildade, que nos torna sensíveis à soberania de Deus, faz-nos ver claramente a dificuldade que temos em cumprir as leis divinas e também a ilegitimidade das nossas transgressões. Mas, porque os cristãos humildes têm o *sentido do pecado*, do mesmo modo que têm o sentido do mistério, sabem que, mal se confessam pecadores, receberam em Jesus Cristo o perdão de Deus.

À luz conjugada das exigências e das misericórdias divinas, o cristão pode então conhecer-se *tal como é*. Todos os seres são, na sua essência, como Deus os quer; e, na sua existência, como Deus os vê. Nós não constituímos uma exceção. Somos como Deus nos vê e poderemos transformar-nos naquilo que Ele quer que sejamos. Vamos agora surpreender a ascensão dos humildes e verificar, ao mesmo tempo, os males dos enganos causados pelo orgulho.

O homem importante, o rico, o orgulhoso – são termos sinônimos no Evangelho –, tem um sentimento exagerado do seu valor. Este sentimento é alimentado pela lisonja dos aduladores, que nunca faltam; mas, como está satisfeito com a sua pessoa, o orgulhoso paralisa o seu desenvolvimento e condena-se à mediocridade. Persuadido da sua importância e fiado unicamente nos meios exteriores de que dispõe para realizar os seus desejos, peca por excesso ao calcular as suas probabilidades de êxito. As dificuldades não contam para ele; não suporta que o contradigam. As suas ambições, satisfeitas até então, arrastam-no para a temeridade. Acaba por ir além da medida do possível, e fracassa. Mas não sabe tirar proveito do seu fracasso; ou teima nos seus projetos e apressa a sua ruína ou então sucumbe ao desespero. «Quem se exaltar será humilhado».

Comparemos esta cegueira do orgulhoso com a clarividência do humilde. Este não é joguete dos seus sonhos, porque tem o seu ponto de apoio na realidade. Em vez de se exaltar, calcula ao certo aquilo de que é capaz e avança com prudência. Aproveita o tempo e caminha sempre em linha reta. Os primeiros reveses não o desorientam; procura saber se a causa está em si e, neste caso, aplica-se a dar-lhe remédio. Não o preocupam as reações que produz à sua volta: não o estonteiam as lisonjas, nem as críticas lhe tiram a coragem. «Nem és mais santo quando te louvam, nem mais vil quando te vituperam. És o que és» (*Imitação de Cristo*, Liv. II, cap. 6, 2).

Podemos objetar que um homem assim, sem ambições, não irá nem muito alto nem muito longe. É que confundimos a humildade cristã com timidez e covardia, que são fruto de um orgulho dissimulado. O humilde do Evangelho vê-se tal como é: se tem um forte sentido das suas deficiências, tem também uma consciência nítida das suas qualidades. E, como confia em que Deus o ajudará a cumprir a tarefa que lhe destinou, terá toda a audácia necessária para chegar a ser o que deve ser ou para triunfar naquilo que deve fazer.

Não é um trocadilho falar da altivez dos cristãos que são humildes. Sim, eles estão orgulhosos dos dons que receberam de Deus, e não deixarão que este patrimônio corra perigo. Sabem qual foi o preço da sua redenção; ouviram a palavra de São Leão: «Reconhece, ó cristão, a tua dignidade…, lembra-te de que cabeça e de que corpo és membro». «A humildade, segundo o espírito do Evangelho – escrevia Pio XI – pode estar perfeitamente unida à estima própria, à confiança em si mesmo, ao heroísmo» (Encíclica *Mit brennender Sorge*).

É desnecessário sublinhar o valor social da humildade: deduz-se das observações precedentes. Sempre ao contrário do orgulhoso, que se julga superior aos outros e que, cego por esta preferência, se nega a servi-los ou pretende servir-se deles, o homem humilde é naturalmente fraternal, e sempre porque se move dentro da verdade. Esforça-se por ver os seus semelhantes como Deus os vê. Sem se deter nos seus defeitos, descobre-lhes as qualidades; admira-lhes o valor e alegra-se com os seus sucessos. Desse modo, torna-se melhor, esforça-se por imitar as virtudes dos outros e dá confiança àqueles cujo valor louva. Paralelamente, não ignora a superioridade que poderá ter sobre os outros; mas esta superioridade aparece-lhe principalmente como mais um motivo para sentir-se responsável, e obriga-o a pôr os seus teres e haveres, a sua ciência e o seu poder ao serviço dos seus irmãos. «Que o maior de entre vós, dizia Cristo, seja o servidor de todos» (Mt 20, 27).

O Salvador velará para que esta lei do reino de Deus seja rigorosamente cumprida. Não é sem intenção que, em vez de associar a sua obra os magistrados, os doutores, os grandes de Israel, Ele escolhe como auxiliares pescadores do lago, aldeões, funcionários do fisco. Receia, porém, que estes humildes da terra, pela honra de que os investiu e pela missão que lhes confiou, sejam vulneráveis às ciladas do orgulho. Sempre que nota neles um começo de ambição, não hesita em chamá-los de novo à humildade, umas vezes com um sorriso, outras com palavras severas. E para gravar a sua vontade na memória dos Apóstolos, pratica diante deles, antes de morrer, uma ação própria de escravos: lava-lhes os pés. Ele, o Mestre, o Senhor, faz de servo, para que os seus discípulos nunca mais se esqueçam de que, seguindo o seu exemplo, não foram feitos para ser servidos, mas para servir.

SEGUNDA BEM-AVENTURANÇA

O domínio próprio

Bem-aventurados os mansos, porque possuirão a terra. A fórmula da segunda Bem-aventurança pertence ao Antigo Testamento. A herança reservada aos filhos de Israel foi primeiro o país de Canaã; depois, após o seu estabelecimento naquela região, a terra prometida torna-se a imagem do reino messiânico, como mostram estes versículos do Salmo 37 (8-11):

> Renuncia à cólera e abandona o furor.
> Não te irrites, porque só conseguirias fazer o mal,
> e os que fizerem o mal serão reduzidos a nada.
> Mas quem tiver esperança em Deus
> terá a terra em herança.
> Só mais um pouco, e o mau deixará de existir,
> procurarás o seu lugar, e terá desaparecido.
> Então os mansos possuirão a terra,
> e se alegrarão numa paz imensa.

Servindo-se de expressões familiares aos fiéis do seu povo, Cristo quer assegurar-lhes que as suas esperanças se realizarão no reino que Deus acaba de instituir. Mas vejamos primeiro qual é esta segunda virtude que o Mestre quer encontrar nos seus discípulos.

A palavra grega que traduzimos por «mansos» aplica-se àqueles que possuem diversas qualidades, desde a doçura até a tolerância. Mas não são, em caso algum, nem os moles nem os amorfos. A mansidão evangélica pressupõe firmeza de caráter. «Que o vosso coração não se perturbe» dirá Cristo (Jo 14, 19). Não é questão de temperamento, de uma tendência natural para a indiferença ou para a apatia; também não é o hábito de capitular perante as opiniões ou vontades dos outros, para evitar complicações. É uma virtude e, portanto, um ato de energia. Não nos iludamos com o seu aspecto calmo e até sorridente, que só adquirimos usando de severidade para conosco próprios.

Num mundo em que a força tem a última palavra, o Evangelho não anuncia ingenuamente a supremacia da fraqueza; mostra-nos onde reside a verdadeira força. A força segura de si própria não tem obrigação de se mostrar brutal: a força intransigente e serena, que acaba por expulsar todas as violências, é o *domínio próprio*. Assim como os pobres, segundo o Evangelho, são os verdadeiros ricos, assim também os mansos são os verdadeiros fortes.

Muitos espíritos contemplam de perto o cristianismo e convivem com ele sem suspeitarem de que é uma escola de energia. Cristo, que nunca fez qualquer elogio de si próprio, julgou, contudo, necessário dizer àqueles que convidava a receber as suas lições: «Eu sou manso e humilde de coração» (Mt 11, 29). Talvez tenha feito esta confidência porque as virtudes da humildade e da mansidão são pouco cotadas na bolsa dos valores humanos. Mas é preciso observar de perto a mansidão de Cristo.

Paciente para com a lentidão de espírito dos seus discípulos, acolhedor com todas as misérias, não hesita em vergastar os vendilhões que profanam a santidade do Templo, nem em anatematizar cara a cara os poderosos daquele tempo, que oprimiam os pequenos. Nas horas trágicas da sua paixão, o beijo de Judas apenas lhe inspira piedade pelo crime do traidor. Mas escutemo-lo quando, pouco depois, declara, com altivez, ao governador cuja palavra pode enviá-lo ou arrancá-lo à morte: «Não terias poder algum sobre mim, se não te tivesse sido dado do alto».

A mansidão e a humildade, que são inseparáveis, constituem os índices menos enganadores da força de caráter e do domínio do próprio eu. São a condição da ação refletida, ardente, perseverante. O retrato mais fiel do homem que tem a virtude da mansidão segundo o Evangelho está, sem dúvida, nestas quatro palavras do livro da *Imitação*: *Victor sui et dominus mundi*, «vencedor de si e senhor do mundo» (Liv. II, cap. 3). Felizes os mansos, porque sabem dominar-se, e o domínio de si próprio há de valer-lhes o domínio do mundo.

Apreciamos melhor a vitória pessoal da mansidão quando contrastamos esta virtude com as estéreis violências da cólera, depois de esclarecermos que a cólera em si mesma não é má.

Existe uma cólera legítima, a que chamaremos mais exatamente indignação, assim como existe uma mansidão censurável, aquela que serve de bandeira à covardia. Quando está em jogo a verdade ou se é testemunha de uma injustiça, o dever não consiste em esconder-se ou calar-se; num caso destes, a mansidão seria apenas um disfarce, e a indignação espontânea uma virtude. A cólera que se exterioriza sem um motivo razoável, ou cujas manifestações são desmedidas, é um defeito. Mas pode ser considerada legítima quando não defendemos nem interesses nem opiniões pessoais, quando não é suscitada pelo egoísmo nem alimentada pelo orgulho.

É por demais evidente que os acessos de ira, longe de constituírem uma manifestação de força, são muito simplesmente sinais de fraqueza. «Somente nos irritam as nossas fraquezas», escreveu Joubert. As birras da criança que não consegue o que deseja, bem como as impaciências maçantes do velho que não suporta os seus achaques, são provas de fraqueza. Mas não se parecerá com eles o adulto a quem basta uma ligeira contrariedade, uma observação inofensiva mal interpretada, ou simplesmente um mero incidente sem importância para fazê-lo perder o domínio de si mesmo?

As consequências funestas da cólera não têm conta. As discussões entre esposos destroem a confiança, condenando-os a um constante estado de alerta. A irascibilidade não é menos prejudicial à autoridade dos pais: uma criança conclui imediatamente que levou a melhor quando seus pais perdem o sangue-frio.

A irritabilidade provoca por toda a parte discussões sem fim, que envenenam as relações sociais. A cólera não compensa a quem se entrega a ela: fá-lo sair humilhado e azedado. O colérico perde a confiança em si mesmo. Já pensamos até que ponto podem afastar da religião as suscetibilidades de uma pessoa piedosa ou o mau gênio de um católico praticante?

O cristão irascível não encontra refúgio algum na oração, porque mesmo nela se dedica a ruminar exclusivamente os seus motivos de queixa. Deus não se deixa alcançar enquanto conservamos dentro de nós um sentimento anti-fraternal. Só o encontramos depois de renunciarmos à nossa dureza ou de perdoarmos a injúria recebida.

O bom senso dos mansos está em começarem onde os violentos são forçados a acabar. Como a humildade, o domínio próprio é fácil de conseguir quando nos pomos na presença de Deus. Diante dEle, as contrariedades que pretendíamos avolumar reduzem-se imediatamente às suas ínfimas proporções. Somos tolerantes em vez de reagirmos bruscamente; temos tempo para ver chegar a tempestade e muitas vezes os meios para afastá-la.

O domínio próprio impede que falemos cedo demais, que pronunciemos a palavra que fere o adversário no seu ponto nevrálgico, a palavra que não era necessário dizer e que nunca mais será esquecida. Leva-nos ainda a esperar pelo momento propício para fazermos uma observação mais matizada, ou a calar-nos completamente.

Se a mansidão implica, etimologicamente, um estado de disponibilidade e uma certa descontração, a doçura evangélica não obriga a renunciar às ideias que acreditamos serem verdadeiras; porque nos conservamos senhores de nós mesmos, servimos mais fielmente à verdade que temos o dever de defender. Não a deformamos com floreados; ajustamo-la ao que há de verdadeiro na opinião dos outros. Assim, as discussões não degeneram, certamente, em contendas. São Paulo recomenda aos cristãos que professem «a verdade na caridade» (Ef 4, 15). Embora tenhamos mil vezes razão, a cólera enfraquece imediatamente os nossos argumentos mais sólidos; pelo contrário, a calma, aliada à bondade, produz um ambiente favorável às nossas afirmações. O domínio próprio é a arma dos fortes.

Além disso, os mansos têm repugnância pelas atitudes adocicadas que não passam de hipocrisia. Mostram-se irredutíveis quando as suas convicções ou a sua consciência assim o exigem, mas por nenhum outro motivo deixam de lado a caridade. A sua vitória está em se dominarem o bastante para se defenderem sem vingança; para não responderem ao mal com o mal; para triunfarem do mal com o bem.

São Francisco de Sales escrevia na *Filoteia*: «Nada abranda mais um elefante enfurecido do que ver um cordeiro». Ignoro em que circunstâncias o santo bispo de Genebra pôde observar o encontro desses dois animais, mas é mais plausível o seu pensamento quando acrescenta: «Nada quebra melhor a força de uma bala do que a lã».

Uma consciência independente e um coração pleno de caridade são as melhores defesas contra a cólera alheia. Mas a serenidade do cristão não é indiferença, porque então seria de má qualidade. Cristo não espera que sejamos insensíveis à afronta, compreende que soframos com ela. Um cristão vítima de uma acusação injusta não tem o direito de desprezar aquele que o ofendeu e dizer: «Isso não é comigo». Tem de ser sincero: é natural que o golpe que o atingiu o tenha magoado. Mas, ao dominar-se, mostra ser superior àquele que se rebaixou injuriando-o.

Deve, no entanto, evitar vangloriar-se, e agradecerá a Deus o ser ele quem sofre e não a pessoa que o fez sofrer.

Já não é São Francisco de Sales mas a própria Escritura que nos fala várias vezes de um outro Cordeiro, imolado sem um queixume, e cujo sacrifício reconciliou os pecadores com Deus. Quando, pela sua mansidão, o discípulo de Cristo impede que um homem peque, obtém uma vitória de extraordinária beleza.

Os senhores da terra

Os mansos possuirão a terra. As perspectivas do Evangelho não terminam na breve passagem do homem aqui pela terra. A terra, que a segunda Bem-aventurança promete aos mansos, é certamente a «nova terra» anunciada por Isaías (66, 22), aquela que a segunda Epístola de São Pedro nos manda esperar depois do advento glorioso de Jesus Cristo, no fim dos tempos. Os pobres, os humildes, os mansos terão o seu lugar no universo transfigurado «onde só habitarão os justos» (2 Pe 3, 3).

Mas antes deste termo definitivo, todas as Bem-aventuranças têm um começo de realização durante a presente fase do reino de Deus. Sob este ponto de vista, a terra que os mansos possuirão designa o nosso planeta, sobre o qual Cristo recebeu todo o poder (Mt 20, 18) e que destinou como campo de ação aos seus discípulos. «Ide, espalhai o Evangelho pelo mundo inteiro. Sede minhas testemunhas até os confins da terra». Precisamos ganhar para Ele a terra inteira. Ora, perante esta conquista espiritual, e em face das resistências que se levantarem contra o Evangelho, Cristo não permite outras armas que não sejam a fé, o amor e o sacrifício. Só a mansidão dos cristãos conseguirá cristianizar a terra.

Antes de nos admirarmos com o fato de o Salvador nos ter convocado para uma guerra em que é tão flagrante a desigualdade de armas, observemos que Ele próprio não seguiu método diferente.

Apareceu entre os pobres, os humildes e os mansos, e é com todos estes sinais de impotência que se decide a destruir o reino do pecado. A região que percorre está sob o domínio de um conquistador implacável; tem de enfrentar um Estado totalitário; tem contra si a indiferença dos bons e o ódio dos chefes do seu povo. Quando inaugura a sua pregação, sabe que esta o levará à morte; mas a exclamação que profere com voz forte, no momento em que vai expirar – «tudo está consumado» –, é por acaso o grito de um vencido?

A história dos homens conta-se por séculos: bem poucos foi necessário contar para ver as águias romanas caírem por terra. Cristo predissera: «Quando eu for levantado ao alto – na cruz, prova suprema do seu amor –, atrairei todos os homens a mim» (Jo 12, 32). Por isso, logo depois de ter ressuscitado, dirigindo-se aos poucos galileus que se tinham conservado fiéis, envia-os à conquista pacífica da terra, sem os embalar com ilusões, e também sem os enganar quanto à eficácia da missão que lhes confiava. Envia-os «como cordeiros entre lobos», mas o milagre da caridade será a mudança que operarão no interior dos homens, pela mansidão. «Não é o discípulo mais do que o mestre» – dissera Ele. O cristianismo será mais de uma vez perseguido pela violência, mas sempre há de sobreviver aos seus vencedores momentâneos.

OS SENHORES DA TERRA

Os mansos possuirão a terra. Os Apóstolos tinham necessidade de uma afirmação tão paradoxal como esta, impregnados como estavam dos velhos sonhos de um messianismo militar. Um dia, dois deles, Tiago e João, os «filhos do trovão», enfurecidos com os habitantes de uma aldeola da Samaria que se tinha recusado a recebê-los, quiseram pedir a Deus que fizesse descer do céu um fogo que os consumisse. Jesus repreendeu-os imediatamente: «Não sabeis de que espírito sois; o Filho do homem não veio perder as almas, mas salvá-las» (Lc 9, 53).

A lição servirá aos seus sucessores. Houve um tempo em que alguns chefes da Igreja se inclinaram para o lado da violência, pretendendo pô-la a serviço da verdade, como se pudessem obrigar fosse quem fosse a crer, como se a fé não fosse um ato livre. No tempo das lutas contra o arianismo, Santo Hilário de Poitiers exclamava: «Ai de nós! A Igreja ameaça com o exílio e a prisão; quer que acreditem nela à força, ela em quem outrora acreditavam no exílio e nas prisões». Quando pela primeira vez um herético, Prisciliano, foi punido com a morte, no ano de 380, a maioria dos bispos do Ocidente, tendo à frente São Martinho, protestou energicamente, enquanto no Oriente São João Crisóstomo fazia esta ameaça profética: «Matar um herético seria desencadear na terra uma guerra sem tréguas». Os partidários da coação alegam inutilmente os direitos da verdade e a necessidade de protegê-la contra o erro; esquecem a que espírito devem pertencer. A consciência humana também tem os seus direitos, e não menos invioláveis. Pode-se impor silêncio a um homem, torturá-lo, matá-lo até, mas não se matam as ideias; elas renascem e revivem. Como ousaria um cristão obter sucesso com a violência? Que deixe essas armas desleais aos inimigos da sua fé.

A história conservou os nomes de conquistadores que estiveram a ponto de ser senhores da terra: Nabucodonosor, Alexandre, Augusto, para falar apenas dos antigos. Que ficou das espoliações, das destruições, dos massacres de vidas humanas sobre os quais estes chefes onipotentes pensavam assentar a sua hegemonia? Foi-lhes possível devastar a terra, mas não conseguiram dominar o mundo.

Gratry, no seu *Comentário ao Evangelho segundo São Mateus*, chama à mansidão *a plenitude da força*, e explica esta ideia por meio de uma comparação: «O raio – escreve – é a força quebrada que derruba um homem, uma árvore. Pobre força! A força verdadeiramente íntegra é esta força suave que atua sobre o nosso globo e sobre os astros, e os arrasta atrás de si». Depois aplica esse pensamento à história da França e pergunta: «Que produziram na nossa pátria as maiores e as mais violentas revoluções (o seu escrito data de 1830), o maior e o mais potente gênio militar? Que produziram essas duas forças quando se tornaram violentas? Um atraso de dois séculos no progresso do mundo moderno». E termina assim: «A marcha para o progresso recomeçará no mesmo dia em que as nações europeias tiverem começado a compreender que a violência não é uma força, mas um obstáculo; que a força reside na justiça, na liberdade, na mansidão e na paz» (t. 1, cap. 5).

No plano do reino de Deus, os cristãos terão por vezes de sofrer a força que coage, que esmaga e que finalmente se desfaz. Jesus Cristo proíbe-lhes que recorram a ela; usarão da única força que permanece, aquela que tudo suporta, que fortalece, que encoraja e que engrandece.

OS SENHORES DA TERRA

Ora, esta vontade do Salvador dirige-se a todos os seus discípulos. O apostolado não é uma tarefa reservada a uma minoria de especialistas e que apenas se exerce em determinados momentos. Faz parte das obrigações de todos os batizados, que Cristo salva para serem, com Ele, os salvadores do mundo. Sempre, e em todas as circunstâncias da vida, indo e vindo (Jo 15, 16), dentro e fora da família, no trabalho, nas alegrias e nas tristezas, sem a menor premeditação, o cristão deve mostrar a verdade do Evangelho pela mansidão, que é por assim dizer a flor da bondade.

Em virtude da própria firmeza das nossas convicções, não devemos manifestar, perante os que delas não partilham, nem receio nem desconfiança. A mansidão evangélica, que é principalmente autodomínio, far-nos-á compreensivos e respeitadores das posições intelectuais diferentes das nossas. É preciso deixar falar os que nos interrogam sobre as nossas crenças; é preciso que nos esforcemos por compreender o pensamento que conduz os outros, quando manifestam uma opinião. O erro em que laboram é muitas vezes uma verdade incompleta; interessa menos rebatê-los do que esclarecê-los mais um pouco. Nunca podemos dar ao nosso interlocutor a impressão de querermos obter um triunfo pessoal: não defendemos a nossa verdade, mas a doutrina de Cristo. Não a inventamos nem temos merecimento algum em possuí-la. Lamartine dizia do grande cristão que foi Ozanam: «A sua ortodoxia era caridade pura. Podíamos discordar, mas não podíamos discutir com este homem sem fel: a sua tolerância não era nenhuma concessão; era respeito».

Um apóstolo será tanto mais persuasivo quanto menos desprezar a fé dos outros; quanto mais admirar o bem, seja onde for que o encontre; quanto mais ocasiões procurar para dar a sua aprovação à atitude dos outros, em vez de os censurar. Presunção alguma envilece a qualidade da sua palavra ou do seu exemplo. Não impõe, expõe e propõe. Esta atitude simplesmente afirmativa não fere ninguém; deita por terra quaisquer barreiras e encaminha os outros para o Evangelho.

São Martinho, nos fins da sua vida, decidiu não assistir mais aos concílios que reuniam frequentemente os bispos do seu tempo, por ter verificado que as discussões doutrinais diminuíam o seu dom de milagres. Por maioria de razão, o abuso das controvérsias poderia levar-nos a um enfraquecimento da vida interior. É menos pelo que dizemos do que por aquilo que somos que o cristianismo se fará amar. Importa defender o nosso pequeno dom de milagres, quero dizer, a irradiação da nossa caridade, muito mais eficaz do que as mais hábeis discussões.

Não podemos obrigar ninguém a converter-se. É preciso esperar que o sol de Deus amadureça os frutos; não os podemos tirar da árvore cedo demais. As conversões bruscas não têm continuação. Embora sempre ativo, o operário do Evangelho evita a precipitação. O nosso zelo e a nossa atividade não se podem comparar com os de um São Vicente de Paula, e, todavia, este santo nunca teve pressa. «É preciso venerar o divino Mestre – dizia – na moderação do seu trabalho. Jesus Cristo nem sempre quis fazer tudo quanto teria podido fazer, para nos ensinar a conservar a nossa alegria interior quando não for conveniente fazermos tudo o que poderíamos fazer». Um propagandista gosta de relatar as suas conquistas. O apóstolo de Cristo prefere ignorá-las, porque não procura a sua glória. Na verdade, é Deus quem propriamente age por ele.

Devemos ser homens de princípios, mas tolerantes; homens com audácia, mas discretos e pacientes, e pela força da nossa mansidão teremos contribuído, sem o sabermos, para estender o reino de Deus sobre a terra.

TERCEIRA BEM-AVENTURANÇA

As lágrimas reparadoras

Assim como a mensagem de Cristo oferece aos «pobres» a verdadeira riqueza e aos «mansos» a verdadeira força, assim também oferece aos *aflitos* as compensações que acalmam a amargura das lágrimas, num mundo em que o sofrimento é uma lei da vida. Na escola de Cristo, «os que choram» não ficam presos à sua dor, escravos da revolta ou do desespero. Têm diante deles a saída libertadora, pela qual, encontrando a esperança e a coragem, descobrirão as novas alegrias de uma ascensão moral inesperada e de um aumento de caridade.

É este o significado da terceira Bem-aventurança, tantas vezes acusada de pouco humana. São Mateus enuncia-a assim: «Felizes os que choram, pois serão consolados». São Lucas, como é hábito seu, usa uma fórmula mais absoluta: «Bem-aventurados os que agora chorais, porque haveis de rir», e fá-la acompanhar da seguinte imprecação: «Ai de vós os que agora rides, porque gemereis e chorareis». Faremos primeiro o comentário deste último texto, porque assim seguiremos melhor o desenvolvimento do raciocínio do Salvador.

Ai de vós os que agora rides. Quem são estes que riem e caem assim sob o anátema do Mestre? Não é impossível que os ouvintes tivessem ficado impressionados principalmente com a palavra *agora*. Desde há dois séculos, a Palestina conhecera várias invasões inimigas; estivera sucessivamente sob o jugo de diferentes poderes estrangeiros. A sua população, dizimada e espoliada em todas essas ocasiões, estava agora sob o jugo da lei de Roma, sobrecarregada de impostos e ciosamente vigiada pelos ocupantes. Ora, enquanto a nação vivia mergulhada na dor e a maior parte de seus filhos na miséria, alguns homens tinham alcançado uma existência confortável. O seu luxo e as suas festas formavam um escandaloso contraste com a miséria geral. Nessas circunstâncias, a frase vingadora atingia-os no ponto sensível.

Mas a condenação do Salvador tem um alcance universal: visa uma certa atitude na maneira de encarar e viver a vida presente. Não se aplica – devemos esclarecer – àquela alegria franca que é, pelo contrário, índice de saúde moral e que muitas vezes cumpre um dever de caridade. É de aplaudir o riso corajoso que «faz das tripas coração», como também as gargalhadas joviais que nascem espontaneamente e distraem das tristezas da existência. Felizes aqueles cujo rosto aberto suaviza as tristezas dos outros.

Os risos que Cristo censurou são os risos que soam a falso: o riso barulhento das pessoas que batem palmas para terem a ilusão de que se divertem; as graçolas a jorros e todas as bobices que são uma ofensa à dignidade do homem. «O riso do insensato, diz o Eclesiástico, é semelhante ao crepitar das brasas que ardem debaixo da caldeira». Barulho, fumo, nada para o espírito.

Mais triste ainda é aquele riso que nasce da malícia. As brincadeiras pesadas, a ironia que fere, a troça, os sarcasmos, saem de um coração malévolo. Cristo não pode tolerar a mágoa e o mal que estes ditos de mau gosto causam às pessoas a quem são dirigidos. «Feliz, cantava já o salmista, o homem que não se senta no banco dos trocistas» (SI 1, 1).

Malditos os que riem, profanando o que deveriam respeitar; os que ridicularizam verdades e virtudes cuja elevação não compreendem; os que aviltam os mistérios sagrados do amor; os que confundem o olhar puro da criança; os que esfriam os entusiasmos generosos. Ai deles, pois propagam a blasfêmia e o vício, o desânimo e a mediocridade. Para qualificar como excessivo o rigor de Cristo para com eles, seria preciso ignorar que, por vezes, basta um sorriso irônico para abalar a fé de um cristão ou para afastar um homem do seu dever.

Mas, além dos risos doentios ou nocivos, é fora de dúvida que Cristo censurou também toda a concepção de vida que se oriente para a busca egoísta do prazer. Di-lo-á em termos mais claros na parábola do semeador: o espírito do Evangelho é fatalmente sufocado «pela riqueza e pelos prazeres da vida» (Lc 8, 14). Ai daqueles que fazem alarde do seu contentamento por comerem e beberem até ficarem fartos, ai daqueles que preferem ignorar o sofrimento dos outros porque isso encresparia a beatitude em que vivem. O espectro de qualquer privação cansa a sensibilidade destes homens; estão do melhor lado; tanto pior para os outros.

O anátema que Lucas refere é ilustrado com uma parábola: um pobre homem, doente e inválido, mendigava, à porta de um dos felizes deste mundo, os sobejos dos seus manjares; pouco tempo depois morreu, e seu corpo foi lançado na vala comum. Também o rico morreu, depois de uma vida de luxo e de prodigalidade, e teve as honras de uma sepultura magnífica. Ora, diz Cristo, ambos se encontraram no reino dos mortos, mas as situações eram inversas: o pobre Lázaro, que na terra só conhecera desprezos e sofrimentos, estava sentado no alto do paraíso – honra suprema –, à esquerda de Abraão; e o rico, mergulhado nos tormentos do inferno, implorava a esmola de uma gota de água ao mendigo que na terra lhe pedira uma côdea de pão (Lc 16, 19-31). Aquele que tinha chorado estava alegre; aquele que tinha rido gemia e chorava.

Esta inversão da sorte que, depois desta vida, espera a alegria estéril do bem-nutrido e as lágrimas do aflito paciente, é anunciada muitas vezes na Bíblia. Cristo não se limita a lembrar-nos esse aspecto; as suas ameaças de Salvador trazem sempre consigo a certeza de que Ele pode, quando nós o quisermos, evitar a desgraça para a qual caminhamos de cabeça baixa. Se Deus já não fala ao pecador, quando este se recusa a ouvi-lo, a sua misericórdia vigia a estrada onde o egoísta excessivamente feliz pode encontrar a prova que muda repentinamente a sua felicidade. Se os que riem choram uma lágrima, poderão salvar-se.

Acontece muitas vezes que a dor que se abate sobre um homem até então poupado ao sofrimento, apenas lhe arranca uma blasfêmia. Mas também pode acontecer que, tocado subitamente por uma desilusão ou uma traição, atingido na sua fortuna, honra, saúde, esse homem sinta um abalo que pode mudar o curso dos seus pensamentos. Este novo infeliz reconhece então que as satisfações de que repentinamente se viu privado eram, na verdade, simples escravidões.

Primeiro, sufoca-o o sentimento da sua culpa; detesta--se, sem conseguir expulsar a obsessão de um passado que renega. As lágrimas são apenas despeito. Mas depois essa tortura moral, que parecia agravar a sua provação, purifica pouco a pouco o seu coração e rasga os véus que lhe ocultavam realidades esquecidas. É preciso ter-se sofrido para ouvir no íntimo os primeiros apelos tímidos da esperança; mas àqueles que consentirem em ouvi-la, a esperança depressa mostrará os caminhos obscuros da fé.

Felizes aqueles que choram, pois viverão na alegria. Não se pressente aqui um primeiro clarão que ilumina o mistério das dores da humanidade? Será possível dizer que o Evangelho é cruel ao proclamar a bem-aventurança das lágrimas? A vida presente seria, aliás, horrível, se não pudéssemos chorar os nossos pecados: já basta para nosso castigo que não os possamos remediar completamente. Começamos por amaldiçoar a sorte que se tornou adversa; protestamos contra a provação injusta e o sofrimento que não merecemos. Depois, um dia, uma luz que não é da terra ilumina o nosso espírito: o pecado aparece-nos, então, como uma outra injustiça, e já não ousamos afirmar que não merecíamos sofrer.

Acrescento desde já que Cristo nos proibiu claramente de vermos na provação de um homem a retribuição dos seus pecados. Assim o declara a propósito de um cego de nascença: «Nem ele nem seus pais pecaram» (Jo 9, 3). Ninguém tem o direito de se considerar intérprete da Providência, principalmente no que diz respeito aos outros. Mas, porque perante Deus todos somos culpados, se soubermos sofrer na sua presença, o remorso que em vão nos imobiliza no passado dará origem ao arrependimento que nos regenera, pois num coração inundado de contrição Cristo quebrará os laços que o acorrentavam ao mal.

Devemos lamentar os que choram sozinhos, porque não serão consolados. Felizes, pelo contrário, os que, em vez de ficarem sós diante da obsessão esmagadora de um pecado que não podem eliminar, se voltam para Cristo, «que tirou o pecado do mundo», pois ouviram a sua palavra: «A tua fé te salvou; os teus pecados te são perdoados». Felizes os que choram os seus pecados junto de Cristo crucificado, pois conhecerão as alegrias da virtude e da paz reconquistadas.

A alegria cristã

«Feliz momento – escreve o autor da *Imitação* – aquele em que Jesus chama das lágrimas à alegria do espírito» (Liv. II, 8).

A observação não se aplica apenas aos pecadores perdoados, cuja consciência encontrou de novo a paz. A terceira Bem-aventurança enuncia uma lei geral: em qualquer circunstância, Cristo pode transformar em alegria o sofrimento dos seus discípulos. Mas antes de justificar esta afirmação, não será inútil esclarecer que a alegria é o *ambiente normal do cristão*, ao contrário do que imaginam aqueles que acusam o Evangelho de estender um véu de tristeza sobre o mundo e a nossa vida. A festa do Natal ajuda-nos a compreender melhor que Chesterton tivesse podido escrever que a alegria é o «segredo gigantesco do cristão».

Rodeando o berço do Menino Jesus, o céu avisa-nos: «Trago-vos a boa nova de uma grande alegria: nasceu-vos um Salvador». Poderá um Salvador ser triste? Desde que começa a pregar, Ele compara o seu ministério a um banquete de núpcias (Mc 2, 19). Toma as suas refeições alegremente, em casa de uns e de outros, o que lhe vale da parte dos adversários a fama de «glutão» e de «bebedor» (Mt 11, 19). Na verdade, isso são apenas sinais exteriores da profunda alegria que brotava da sua intimidade com o Pai e do fato de contemplar os inumeráveis benefícios com que podia cumular os homens. Cristo devia exultar de alegria quando curava os doentes e os enfermos, quando reconciliava os pecadores com seu Pai. Irradiava alegria. «Alegrava-se todo o povo à vista dos milagres que ele realizava», escreveu Lucas (13, 17).

Por que nos hão de representar sempre o rosto de Cristo com linhas severas e ares distantes? Não me custa vê-lo sorrir, quando abençoava as crianças ou mesmo quando censurava os Apóstolos. Com que inspiração devia descrever os pormenores pitorescos de certas parábolas! (cf. Lc 11, 5; 14, 8; 18, 10). Foi ao mesmo tempo o «varão de dores» e o «pregador da alegria». Esta coincidência nada tem de forçado. É na hora em que os seus discípulos se sentem desiludidos pela iminência da sua paixão e morte que Ele lhes fala da sua alegria; e dá-lhes dessa alegria para que ela lhes encha o coração; e assegura-lhes que ninguém lhes poderá tirar essa graça. Depois, antes de os deixar, pede por eles: «Que tenham a plenitude da minha alegria!» (Jo 17, 13).

Seguindo o seu exemplo, os santos não tiveram escrúpulos em exteriorizar a sua alegria. São Francisco de Assis junta os seus cânticos aos da cigarra, ou ainda, pelas noites estreladas, alterna-os com o trinar do rouxinol, até que este se confesse vencido por aquele rival. No fim da sua vida, o médico teve de aplicar-lhe um ferro em brasa nos olhos doentes. Antes de penetrar nas trevas da cegueira, pediu a um dos irmãos que lhe tocasse uma ária; o outro, temendo qualquer escândalo, recusou; mas, na noite seguinte, Francisco ouve a suave melodia de uma lira invisível: Deus concedera-lhe a alegria de que os homens o privavam. Santa Maria Madalena de Pazzi, parando para aspirar o perfume de uma flor, exclamava: «Meu Deus, como tu és bom, pois desde toda a eternidade destinaste esta pequena flor para alegrar por um momento uma pecadora como eu». No Carmelo de Ávila, ainda hoje se veem a flauta e o tamborim que Santa Teresa tocava em dias de festa, para alegrar as suas irmãs. Os verdadeiros discípulos de Cristo respiram alegria.

É, na verdade, a condição essencial da vida cristã. A melancolia dá apenas origem a um monólogo estéril. Só adoramos a Deus quando nos sentimos felizes por encontrá-lo. A tristeza paralisa a vontade; só na alegria é que se progride. Sob o domínio do aborrecimento, não é possível desejar nada de grande; ora, o desejo é o primeiro passo para a virtude. São Filipe Néri repetia aos seus jovens alunos: «Fora da minha casa a tristeza e a melancolia! Quem serve a Deus deve estar sempre bem disposto; porque assim fortalece o seu coração». Escutemos São Tomás: «A satisfação interior é uma das condições habituais da virtude», ou pelo menos «torna a ação mais perfeita, porque sempre damos mais atenção e pomos mais diligência numa ação que nos é agradável».

Conclui-se, pois, que a alegria é um dever para os cristãos. «Alegrai-vos incessantemente no Senhor, repito-o, alegrai-vos». Quando escrevia estas linhas aos fiéis de Filipos, havia dois anos que São Paulo se achava prisioneiro em Roma. Um dos nossos mais antigos tratados de espiritualidade – que data do século II – renova a mesma exortação: «Expulsa da tua alma a tristeza, porque ela é irmã da dúvida e da cólera... Reveste-te de alegria, que tem todos os favores de Deus, e faz dela as tuas delícias... A oração do homem triste jamais terá forças para subir até o altar de Deus» (*O pastor de Hermas*, prec. X).

Mas prevejo aqui uma objeção, já que a alegria não é coisa que se mande, nem pode ser fruto de um raciocínio; ou é espontânea ou não é alegria. A objeção é válida, e isto leva-me a indicar a origem e a natureza da alegria cristã.

Normalmente, um homem está alegre quando a realidade ou as decisões dos outros ou os acontecimentos estão de acordo com os seus desejos. O cristão, esse está alegre quando os seus desejos estão de acordo com a vontade de Deus. Por isso, o primeiro alegra-se apenas quando «tudo vai bem»; o segundo encontra maneira de ser feliz mesmo quando «tudo vai mal». Fanfarronada fictícia? De maneira nenhuma. A alegria do cristão é real; não tem a sua origem nele próprio; é um dom de Deus ou, para falar como São Paulo, é «o fruto do Espírito Santo em todos nós» (Gal 5, 22), o que explica a sua espontaneidade. Nós possuímos a alegria, ou mais exatamente, a alegria nos possui. Certamente não à maneira de um poder mágico, mas como impulso interior para o qual Deus pede, no entanto, uma adesão ativa. Neste sentido, é exato dizer que nós temos de conquistar a nossa alegria fazendo tudo o que Deus quer de nós. E não é de admirar que Deus queira que soframos.

O cristão deve encarar todas as coisas com bom-humor: a boa sorte e a desgraça; as coisas agradáveis e as desagradáveis; a saúde e a doença; a tempestade e a bonança. Tudo com gosto, pois tudo aquilo que nos acontece, poderemos sempre empregá-lo para o nosso bem ou para o bem dos outros. É curioso observar o abuso de linguagem que se formou em torno da palavra «providencial». Quando um conjunto propício de circunstâncias favorece os planos de determinada pessoa, esta exclama com uma sinceridade que não deixa lugar a dúvidas: «É providencial!». Por que não falamos da mesma maneira quando os acontecimentos prejudicam os nossos desejos? Mas tudo é providencial: o que nos contraria e o que nos agrada. O olhar de Deus segue-nos através de todos os acontecimentos, sejam eles quais forem, e não há um único sequer que nos impeça de realizarmos os nossos desejos. Como deveríamos meditar nesta frase tão profunda de Léon Bloy: «Tudo aquilo que acontece é adorável»!

A quem tiver confiança em Deus, mesmo os dias que não forem felizes oferecerão a sua pequena alegria: a energia sorridente na adversidade ou a canção simples que dá ritmo ao trabalho; o impulso interior que resiste ao perigo e à tristeza, ou simplesmente a poesia que transfigura as pequenas misérias de cada dia. Os homens são tristes porque não compreendem os acontecimentos ou porque não os aceitam. O cristão abandona-se nas mãos do Pai, que tudo sabe e decide; em Deus, que distribui os dias de sol e de céu encoberto; no Artista delicado que imaginou os espinhos para proteger as rosas; mas muito mais no «Deus que se fez homem para que o homem se tornasse Deus». E nesta frase de Santo Agostinho vai todo o «segredo gigantesco» da alegria cristã.

Aproximemo-nos do presépio do Natal e espiemos o primeiro sorriso do Menino pobre para a terra que Ele veio salvar. Acreditamos sinceramente neste mistério espantoso? Não devemos ofender-nos com a pergunta, porque a verdade é que nunca cederíamos à tristeza se pensássemos seriamente nesta coisa prodigiosa: Deus se fez homem.

Mas se isto é verdade, então sabemos que a miséria dos homens nunca magoou o nosso Deus. Ele teve a coragem de querer assemelhar-se a nós, de levar a nossa vida, esta vida terra-a-terra, pesada, aborrecida, a fim de fazer a sua imagem uma nova humanidade, uma raça de filhos de Deus. «Depois da Encarnação, já não nos devemos admirar de mais nada», escreve um autor do século XVII (*A doutrina espiritual de Lallement*, pág. 328). Maravilha alguma igualará esta. E que mais poderíamos desejar? «Aquele que não poupou o seu próprio Filho, antes o entregou por todos nós, como não nos daria com Ele todas as coisas?», escreve São Paulo (Rom 8, 32). O Filho de Deus viveu conosco, como nós. Cristãos batizados, ele vive em nós.

Em comparação com esta alegria atual, que valor podem ter as nossas aflições? Quem acredita na Encarnação já não pode afirmar a malícia irremediável dos homens, porque vê aquilo que Cristo fez dos homens, aquilo que pode fazer de todos os homens, aquilo em que a humanidade se deve transformar. Quem acredita na Encarnação já não tem medo da cruz, está «alegre, sempre alegre». Seria preciso que toda a terra, nesta hora trágica da nossa história, em que ressoam apelos à desconfiança, ao ódio prestasse atenção a esta palavra de ordem do Apóstolo.

«Sejamos os mais fortes e os mais tenazes», dizem uns. E os outros: «Sejamos os mais audaciosos e os mais hábeis». Estes povos sem conta, condenados talvez a matar-se uns aos outros, porque em dado momento alguém comete uma loucura, poderiam encontrar instantaneamente a paz e a felicidade: bastava que todos pudessem escutar e compreender a mensagem divina: «Estai alegres, pois o Senhor se encontra no meio de vós».

O «Deus de toda a consolação»

O fim de um ano convida-nos a fazer um exame retrospectivo dos meses que passaram tão depressa. Depois, as recordações encadeiam-se, e penetramos no passado mais remoto. Aparecem então, diante dos nossos olhos, os rostos dos que desapareceram, e entre estes emergem aqueles que partiram cedo demais e nos deixaram mergulhados na tristeza mais profunda. Assim evocamos, em resumo, toda a nossa vida: as horas de alegria e os momentos mais críticos; os dias de doença ou de adversidade; as noites solitárias em que choramos. A linguagem das lágrimas tem qualquer coisa de sagrado. Substitui a incapacidade da palavra para traduzir o que há de indefinível e de irretorquível na dor. Corta redondamente qualquer diálogo: perante as lágrimas, resta-nos unicamente o silêncio.

Mas, penetrando no âmago da terceira Bem-aventurança, é preciso agora falar daqueles *que choram*, dos aflitos. Penso naqueles a quem a dor azedou para sempre, a quem ela tornou maus, porque lhes perturbou a razão. Estes recusar-se-ão a ouvir-me: «Fala à vontade, tu que não sofreste». Mas àqueles que consentirem em ler estas páginas, peço-lhes que me perdoem se me escapar alguma palavra infeliz que abra a ferida que eu quereria sarar. Somente Cristo pôde dizer, sem magoar, a uma viúva que acompanhava o cortejo fúnebre de seu filho único: «Não chores». Irmãos e irmãs, que sofreis na vossa carne ou na vossa ternura, acreditai também que não falo em meu nome, por minha própria autoridade; apenas vos recordo a certeza que o Salvador deu àqueles que choram à sua volta: *esses serão consolados*. Esta palavra, não a pronunciou irrefletidamente, como quem pretende ver-se livre de um importuno com uma promessa feita ao acaso. Cristo não mente. Outros corações desfeitos como os vossos encontraram junto dEle aquela paz e esperança de que careciam. *Ele pode consolar-nos*.

«Vós, os que chorais, vinde a este Deus, pois Ele chora». Este verso imortal que Vítor Hugo escreveu por baixo de um crucifixo, é a afirmação desconcertante do prodígio da Encarnação. Este Deus que chora não é um Deus perdido nas alturas inacessíveis. O profeta Jeremias retrata-o cheio de compaixão pelas desgraças de Israel, e chega a pôr nos seus lábios esta exclamação: «Quem fará da minha cabeça uma nascente de prantos, e dos meus olhos uma fonte de lágrimas? Chorarei dia e noite sobre as feridas do meu povo» (8, 23). Este Deus é bem Aquele que Cristo descreveu sob os traços de um pai compadecido, não só perante as angústias, mas também perante a revolta dos seus filhos.

Como sair, porém, do labirinto obscuro onde a bondade de Deus e a sua aparente passividade se entrecruzam e se afastam? Esse Deus que deseja secar as nossas lágrimas

O «DEUS DE TODA A CONSOLAÇÃO»

não é suficientemente forte para afastar os males que nos fazem chorar? Jesus Cristo, cujo poder é evidentemente sobre-humano, devolve aos paralíticos o uso dos seus membros; aos mudos, o da palavra; aos surdos, o ouvido; aos cegos, a vista; aos mortos, a vida. Por onde passa, «cura toda a enfermidade e toda a fraqueza», narram os evangelistas. Já que pode, por que não faz desaparecer a dor do nosso pobre mundo?

Eis o mistério. Jesus Cristo apaga o pecado do mundo, mas deixa nele o sofrimento. A Criação está ordenada de forma a que o sofrimento ocupe nela um lugar necessário e salutar. Se essa criança, que aproxima o dedo da chama de uma vela, não sentisse instantaneamente uma dor aguda, riria às gargalhadas vendo a sua pequena mão reduzir-se a cinzas. Seríamos capazes de amaldiçoar neste caso a lei inevitável do sofrimento?

Cristo não veio modificar as leis da Criação; mais ainda, sendo capaz de eliminar o sofrimento dos outros, não se poupou a si mesmo. Quis ser um homem como nós, um homem que sofre. Alimenta miraculosamente as multidões num deserto, mas Ele passa fome. Partilha das nossas fadigas e sente os nossos desgostos. Termina espontaneamente a sua missão suportando o que o sofrimento humano tem de mais dilacerante, de mais humilhante e de mais cruel. Renegado, condenado, sofre sozinho as amarguras da crucificação. O seu coração sofreu todas as amarguras: a indiferença, a ingratidão, a blasfêmia, a traição. O seu corpo é uma chaga. Os adversários espantam-se com o que a sua conduta tem de incompreensível: «Salvou tantos outros, dizem, e não pode salvar-se a si mesmo?» Mas ainda não decorreram três dias, e já o sacrifício de Cristo dá os seus frutos. Ressuscitando-o do túmulo, o Pai proclama que todos os homens pecadores voltaram a obter o seu amor. Mas seria realmente necessário tal preço? O Salvador ressuscitado repeti-lo-á às testemunhas da sua nova vida: «Era preciso que Cristo sofresse todas estas coisas».

Era preciso! Por que razão era preciso? O mistério da dor continua a ser inexplicável. Emanuel – Deus conosco – não nos explicou os enigmas do universo. Veio ensinar-nos a viver no meio do mistério e a triunfar do mal no próprio seio da sua obscuridade. Assim é a «consolação» anunciada na Bem-aventurança que comentamos. Ela não é a promessa de uma anestesia impossível.

Analisemos a palavra à luz da sua etimologia. Os discípulos de Cristo serão *consolados*; nunca mais ficarão *desolados*, porque nunca mais estarão *isolados*. Nunca mais estarão *a sós* com a sua dor. Jesus Cristo, o vencedor da morte, não só chorou como nós, mas também – esperando que Ele «enxugue todas as lágrimas dos nossos olhos» (Is 25, 8; Apoc 21, 4) – uniu as nossas dores às que sofreu, para nos ajudar a sofrer, para que as nossas lágrimas, como as suas, tivessem valor de redenção.

Que importa não podermos resolver aquilo que muitos chamam «o problema do mal», e que na verdade é um mistério impenetrável, se de qualquer maneira temos de sofrer? Coisa singular: mal a ciência vence determinada doença, logo outra lhe sucede, até então desconhecida. Os benefícios que as descobertas científicas trazem à humanidade são, geralmente, utilizados para fins mortíferos. É como se uma percentagem constante de dor tivesse de atormentar permanentemente a face da terra. Mas o Sal-

O «DEUS DE TODA A CONSOLAÇÃO» 113

vador preferiu levantar o nosso olhar para o futuro e garantir-nos que não era inútil a nossa dor. Os cristãos serão «consolados» se aceitarem o sofrimento inevitável – de que homem algum está isento – como um sacramento que os faz solidários com Cristo na sua obra de redenção.

É certo que os estoicos nos tinham já mostrado a eficácia da dor. É verdade que ela pode despertar a nossa coragem, o nosso sangue-frio; suavizar o nosso caráter. É verdade também que, com os destroços do seu coração esmagado, muitos homens forjaram um coração novo, mais forte e mais generoso. São, na verdade, fecundas as lágrimas dos aflitos que passam despercebidos; o seu sofrimento aumenta o capital de heroísmo e de paciência de que a humanidade necessita para não naufragar. Mas o cristão sente-se mais corajoso na dor quando compreende que existe um certo elo de ligação entre a sua dor e a de Jesus Cristo. Se Deus, feito homem, sofreu, o sofrimento não pode ser absolutamente um mal. Se Cristo o suportou, é que o sofrimento pode produzir um bem.

O cristão já não está só quando sofre *com Jesus Cristo*. A cruz é o lugar onde nos tornamos semelhantes a Ele. Quando conseguiremos realmente imitá-lo? Não na nossa piedade ou na nossa virtude, mas sob o amplexo da dor- quando sofremos como Ele, quando como Ele nos abandonamos nas mãos do Pai. Só então é que «Cristo se forma em nós» (Gal 4, 19) e nos transforma à sua imagem num homem novo, já preparado para a imortalidade. Existe realmente uma dependência incontestável entre a dor e a perfeição da vida cristã: os cristãos mais dedicados a Deus e ao próximo foram aqueles que choraram.

O cristão é «consolado» quando sofre *como Jesus Cristo*. Contemplemos o Mestre prostrado no horto de Getsemani: este homem abatido pela tristeza e tremendo de pavor é, no entanto, o mesmo que pouco tempo antes exclamava: «Felizes aqueles que choram». Ele, que há de recusar o narcótico oferecido pelas mulheres piedosas antes de o pregarem na cruz, Ele teria podido resistir à dor; teria podido manifestar a exaltação dos mártires, quando se dirigiam para o suplício a cantar. Mas preferiu que a dor o acabrunhasse, como aos mais fracos de nós, para que nos reconhecêssemos nEle. Como nós, pediu ao Pai que afastasse de si aquela prova, para que nós, como Ele, encontrássemos a força de vencê-la num abandono filial aos desígnios divinos. Como Ele, podemos depois sofrer em silêncio, sofrer adorando. E se a tortura for demasiado atroz, bradaremos como Ele: «Meu Deus, meu Deus, por quê?» Não nos queixaremos de Deus; queixar-nos-emos a Deus.

Mas o socorro mais precioso que podemos encontrar nas aflições é a certeza de que *Cristo sofre conosco*. Estamos no centro do dogma cristão; Jesus Cristo não nos substituiu na cruz, ao sofrer como vítima pela redenção do pecado; agiu em nosso nome e em união conosco. Apresentou-nos ao Pai como outras tantas vítimas como Ele; ofereceu, com o seu sacrifício, as orações e o sofrimento de todos os cristãos.

«Tudo o que sofreu, escreve Santo Agostinho, sofremo-lo nós nEle; e tudo o que nós sofremos, Ele mesmo o sofre em nós» (*In Psalmis*, 62). Esta doutrina arrebatava de alegria o Apóstolo Paulo, na prisão donde escrevia aos cristãos da Ásia Menor: «Alegro-me com os sofrimentos que suporto agora por vós, pois completo na minha carne o que falta aos sofrimentos de Cristo pelo seu corpo que é a Igreja» (Col 1, 24). Pelo que sofria, São Paulo prolon-

O «DEUS DE TODA A CONSOLAÇÃO»

gava a paixão do Salvador, essa paixão que somente atingirá a sua máxima plenitude no fim dos tempos. Até lá, porque a obra da nossa redenção ainda não está terminada, Cristo continua a sofrer pela salvação dos pecadores; mas é nos membros da sua Igreja, em nós cristãos, que sofre de hoje em diante.

Eis por que as nossas provações, doenças, desgostos, unidos ao sacrifício de Cristo, contribuem para a conversão dos infiéis e dos pecadores, para a santificação da Igreja, para a salvação da humanidade.

Felizes os cristãos que, ao chorarem, dizem com Cristo: «Pai, seja feita a tua vontade! Pai, perdoa aqueles que me fizeram mal! Pai, entrego a minha vida em tuas mãos!» Já não estão sós! Foram «consolados».

Dores apaziguadas

A compensação total que Cristo promete aos aflitos que tiverem tido confiança em Deus nas dificuldades da sua vida é sem dúvida a alegria infinita da eternidade. Lá serão definitivamente consolados. «Deus enxugará qualquer lágrima dos seus olhos. Já não haverá morte; já não haverá tristeza, nem gemido, nem dor» (Apoc 21, 3-4). Já o dissemos: as promessas ligadas às oito Bem-aventuranças terão a sua realização plena na fase gloriosa do reino de Deus.

O cristão que sofre encontra certamente na esperança do céu uma fonte inesgotável de paciência e energia. Em comparação com a soma incalculável de glória que nos está reservada, Paulo pensa que o peso das nossas aflições passageiras deve parecer-nos leve (2 Cor 4, 17). E escreve: «Quando o Senhor em pessoa descer do céu, irão ao seu encontro, para estarem sempre com Ele, os vivos e os mortos ressuscitados»; e acrescenta: «Consolai-vos uns aos outros com este pensamento» (1 Tess 4, 18).

Estas últimas palavras merecem a nossa atenção: elas confirmam o que já expusemos sobre as consolações atuais da fé cristã, e além disso põem de relevo a parte que nos cabe quando se trata de minorar dores presentes, as nossas e as dos outros. O Apóstolo declara-o em termos ainda mais explícitos no começo da segunda Epístola aos Coríntios: «Bendito seja o Deus de toda a consolação que nos consola em todas as nossas aflições, para que, pela consolação recebida de Deus, possamos, por nossa vez, consolar os outros em qualquer aflição em que se encontrem» (1, 34).

O caráter comunitário do reino de Deus, instituído por Cristo no mundo presente, impõe aos seus membros o dever de exercerem uns em relação aos outros o *ministério da consolação* que São Paulo nos recomenda é do qual ainda nos falta falar.

No plano puramente natural, a dor é escola incomparável de fraternidade. Enquanto o bem-estar e o prazer nos dispersam por mil e um objetos diversos, a dor concentra a nossa reflexão sobre os problemas essenciais da vida.

Sob o estímulo da dor, muitos se surpreendem a pronunciar duas palavras que não lhes eram tão familiares: «Meu Deus!» Este grito, que vai contido num gemido, não é necessariamente uma oração, mas pode vir a sê-lo, pois constitui um apelo à piedade. Embora muito veladamente ainda, é um ato de esperança. Sabemos, por acaso, se não contém um germe de arrependimento?

Ao lembrar-nos Deus, a dor aproxima-nos também dos nossos irmãos, os homens. Mesmo quando tantas circunstâncias separam os homens uns dos outros – a idade, as condições sociais, a profissão, a nacionalidade –, a dor, essa une-os. Amizades inalteráveis se formaram entre soldados de todas as origens e de todas as mentalidades, porque suportavam as mesmas misérias da guerra ou do cativeiro. Numa sala de hospital, quem se incomoda com as opiniões filosóficas daquele que está na cama ao lado? Os doentes só veem nos outros doentes companheiros de infortúnio. A dor torna as pessoas compreensíveis com os males do próximo e indulgentes com os seus erros; ao mesmo tempo, desperta à sua volta simpatias e afetos que não se teriam conhecido na prosperidade.

Esta fraternidade humaníssima reveste-se de um caráter sagrado aos olhos dos cristãos pelo fato de todos dependerem de Jesus Cristo. Todos estão, explica São Paulo, ligados uns aos outros como membros de um mesmo corpo; e «quando um membro sofre, todos os membros sofrem com ele» (1 Cor 12, 26). Referindo-se a si próprio, o Apóstolo dizia: «Quem de entre vós está enfermo, que eu não adoeça?» (2 Cor 11, 29). E formula noutro lugar esta regra de mútua abnegação: «Alegrai-vos com os que estão alegres; chorai com os que choram» (Rom 12, 13).

Se esta prescrição, em rigor, se aplica aos cristãos entre si, também fixa a atitude que hão de ter em relação aos outros homens, como eles chamados à adoção divina.

Devemos substituir Cristo junto dos nossos irmãos afligidos, *chorando com os que choram.* A eficácia desta ação alentadora depende da discrição com que for levada a cabo. O Livro de Jó contém a este propósito um ensinamento muitas vezes esquecido. Quando esse justo, cruelmente posto à prova, caiu nos últimos graus de miséria, três dos seus amigos foram visitá-lo, na intenção de o lastimar e de o consolar. «Permaneceram sentados no chão perto dele, sem lhe dirigirem palavra, pois viam que a sua dor era grande demais». Por que não continuaram calados? Pois, falando, apenas conseguiram aumentar o desespero do infeliz. «Ah! exclamou Jó, sois uns tristes consoladores. Não poreis fim a essas palavras vãs? Também falaria como vós se estivesse no vosso lugar. Também saberia alinhar frases e abanar a cabeça».

O primeiro cuidado a ter com os que necessitam de consolo é respeitar o sofrimento que os invade, e não procurar descobri-lo, se preferirem não o divulgar. Há na terra mais dor do que em geral se julga. Se pudéssemos ler nos corações, teríamos muitas vezes compaixão de pessoas cuja felicidade estávamos a ponto de invejar. Os homens, principalmente, quando são infelizes, manifestam um pudor que não devemos procurar desfazer. Por que razão, por exemplo, havemos de conversar com um doente a respeito dos seus males? Ele já pensa demasiado nas suas desditas. É preciso fazê-lo esquecer que não é como os outros e, sem afetarmos uma indiferença que poderia melindrá-lo, encontrar a medida certa de suavidade e energia de que tem necessidade para voltar a ter confiança em si próprio.

Não devemos sobrecarregar com argumentos aqueles que já estão sobrecarregados com o desgosto que os atingiu. Não devemos propor orações àqueles que ainda não podem dizer: «Senhor, seja feita a vossa vontade». Mais vale pedir em nome deles e pedir por eles.

«Chorai com os que choram», quer dizer: senti realmente a tristeza desses homens, como se ela fosse vossa; a vossa presença amiga e a vossa muda simpatia são o me-

DORES APAZIGUADAS

lhor conforto que lhes podereis dar. Ouvi-os com paciência, se lhes agrada expor-vos a sua miséria; mas a seguir esforçai-vos por mudar insensivelmente o curso dos pensamentos que os dominam.

Quando somos daqueles a quem a desgraça feriu, é de aconselhar que não procuremos a compaixão do próximo. «O silêncio, escreve Faber, é a atmosfera própria da cruz. As forças esvaem-se sob as palavras». Quando perdeu a esposa, o profeta Ezequiel recebeu de Deus este aviso: «Filho do homem, vou-te tirar subitamente as delícias dos teus olhos. Não te lamentes: não gemas. Chora em silêncio» (24, 15). Tiago dá-nos o melhor dos conselhos: «Algum de vós vive na dor? Esse, que faça oração» (5, 13).

Na realidade, as nossas alegrias são graças de Deus, mas nós recebemos a visita divina principalmente quando sofremos; então, é Ele mesmo que se dá a nós, e temos necessidade de silêncio para o receber e escutar.

Mas, se é preferível não mendigar a simpatia dos outros, não é bom repeli-la quando se nos apresenta espontaneamente, porque pode ser que seja um convite de Deus para que desviemos a nossa atenção para objetos diferentes do sofrimento. Não devemos recusar qualquer proposta de socorrer outras desgraças, só por não nos termos habituado à nossa: derramando sobre outras misérias os recursos do nosso coração privado de consolo, sentiremos menos as nossas próprias amarguras.

Importa fazer um esforço mais: o de tentar pôr em prática a outra parte do preceito de São Paulo: «Alegrai-vos com os que estão alegres». Não devemos tomar estas palavras como uma afronta à nossa dor, quando elas têm como efeito o mitigá-la. Por que razão havemos de pretender viver apenas com os nossos mortos, nós que acreditamos na Ressurreição? Por que impor aos outros a amargura das nossas contrariedades e das nossas desgraças? Não temos o direito de extinguir as alegrias dos outros. «Fala, homem velho, diz a Escritura, isso está de acordo com a tua idade e a tua ciência; mas deixa ouvir a música». As pessoas de idade têm de associar-se aos projetos dos jovens e deixar-se contagiar pelo entusiasmo ardente do sangue novo.

A frase de Foerster encerra uma grande verdade: «A alegria é um coral». A alegria só será real se for compartilhada; reclama um acompanhamento. Os jovens, os felizes, cantarão a frase melódica; aos que porventura estão tristes pertencerão as notas graves, as notas de sustenido, que dão ao coral a sua beleza impressionante.

Como o Evangelho é salutar, arrancando-nos ao nosso isolamento, devolvendo-nos sempre ao convívio dos nossos irmãos, unindo a alegria de uns à tristeza passageira de outros, nos laços da caridade, para nos reunir a todos na paz de Jesus Cristo! «Que o vosso coração não se perturbe nem se atemorize; deixo-vos a paz; dou-vos a minha paz». Mas para dá-la, Cristo teve de enfrentar a morte.

A paz de Cristo, que nos espera, na sua plenitude, no além-túmulo, podemos já antegozá-la aqui na terra; mas nenhum cristão poderá negar que esta paz é especialmente acessível àqueles que choram.

QUARTA BEM-AVENTURANÇA

Apelo à magnanimidade

A quarta Bem-aventurança, na série de São Mateus, abre novos horizontes às exigências da vida cristã: *Bem-aventurados aqueles que têm fome e sede de justiça, pois serão saciados.*

A fórmula constitui o desenvolvimento máximo das precedentes. Os pobres, os mansos, os aflitos podem refugiar-se na resignação; os que têm fome e os que têm sede não podem resignar-se com a sua sorte, a menos que aceitem a morte. O profeta Isaías fala dos infelizes que, durante o sono, sonham que comem e bebem, mas para acordarem depois com o estômago vazio e a garganta seca (24, 8). Não se pode enganar nem a fome nem a sede; mataremos a fome custe o que custar, tenhamos de comer seja o que for, frutos podres ou raízes de árvores; beberemos, se necessário for, água estagnada; é preciso pelo menos aliviar a sede, se não pudermos satisfazê-la.

Nas perspectivas do Evangelho, os que têm fome e sede são todas as pessoas insatisfeitas, a quem Deus promete não só contentar mas até saciar. No fundo, não há qualquer solução de continuidade entre as três primeiras Bem-aventuranças e as seguintes. Os discípulos de Cristo devem primeiro embrenhar-se no caminho da renúncia. Agora que estão livres do dinheiro, livres de ambições terrenas, desligados do prazer e fortes no sofrimento, têm forças para seguir a Jesus Cristo, que os arrebata para as alturas, até à cruz (Mc 8, 34).

Qual o objetivo desta Bem-aventurança? O texto de Lucas, sempre mais breve, induz a pensar que se trata de uma necessidade do corpo: «Bem-aventurados vós os que agora tendes fome, pois sereis saciados». Ideia reforçada pela imprecação correspondente: «Pobres de vós, os que agora estais saciados, pois tereis fome». Nesta hipótese, o evangelista teria repetido sob forma diferente o louvor dos pobres e o anátema contra os ricos.

Mas esta repetição explica-se com certa dificuldade, ao passo que se pode afirmar sem receio que São Lucas, ao falar simplesmente dos «esfomeados que serão saciados» e dos «saciados que serão privados de alimento», como também no caso da estrofe do *Magníficat* (Lc 1, 53), se serve de metáforas cujo *sentido espiritual* era clássico nas Escrituras. Assim, o profeta Amós, quando refere determinado oráculo de Deus, diz: «Mandarei fome sobre a terra; não uma fome de pão ou uma sede de água, mas de ouvir a palavra do Senhor» (8, 11). «A minha alma tem sede do Deus vivo», diz o salmista (17, 3). Em outro lugar, a Sabedoria promete aos seus fiéis que os há de «alimentar com o pão da inteligência» (Ecl 15, 5) e convida-os a «beber o vinho que preparou para lhes dar a vida» (Prov 9, 5-6).

É no conjunto destas aspirações espirituais que teremos que determinar em que consiste a «justiça» de que os discípulos de Cristo têm fome e sede. Mas antes será conveniente tirar das imagens da fome e da sede o *apelo à magnanimidade* que o Salvador com elas nos dirige.

A magnanimidade opõe-se à timidez dos pusilânimes e ao contentamento fácil dos medíocres. A pusilanimidade manifesta-se principalmente pela recusa da ação, pelo horror ao esforço, pelo receio de comprometer-se ou de fracassar: é etimologicamente uma mentalidade de «moleque». O *pusus* que muitos de nós conhecemos, aquele rapazinho que esperava escapar à hora da lição escondendo-se debaixo de uma mesa, esse *pusus* volta, por vezes, a aparecer no adulto, alguns anos depois, quando invoca pretextos para se desculpar por não ter cumprido um dever difícil.

Mas este defeito é ainda mais prejudicial quando se trata da vida cristã, pois corrompe as próprias fontes da vontade e faz gala de uma pretensa sabedoria. Sob a capa de nos mantermos naquele justo meio em que indevidamente se costuma situar a virtude, estamos de fato mais perto da mesquinhez que da grandeza.

Por que razão havemos de fazer mais do que é preciso, ser mais papistas que o papa? Evitamos o mal, pelo menos nos seus aspectos mais grosseiros, e somos *pouco mais ou menos* virtuosos, como o comum dos mortais. Não estamos entre os melhores; mas ainda os há piores.

Dante teve uma inspiração verdadeiramente genial quando, ao iniciar a descrição poética do Inferno, antes de penetrar nos diferentes círculos de criminosos, imagina um vestíbulo onde estão retidos aqueles cujas vidas não mereciam nem censura nem louvor, que não foram nem rebeldes nem leais. Na hora das recompensas divinas, nem a Justiça os castiga nem a Misericórdia os salva. «Já falamos excessivamente deles, diz Virgílio ao poeta; olha--os e passa» (Dante, *O Inferno*, canto III).

O Evangelho não se contenta com virtudes convencionais, que se situam num «meio termo». Onde é que aparece, nas suas páginas, o elogio das virtudes tranquilas e sem asperezas? Porventura o Mestre felicita os seus discípulos por serem *quase* ativos, *quase* dedicados e *quase* desinteressados? A virtude cristã só merece esse nome quando, depois de atingida a média, passa a estender-se muito mais além. A lei divina começa por estabelecer determinadas proibições: «Não matarás; não roubarás; não mentiras». São barreiras colocadas *atrás de nós*, para evitar que retrocedamos e venhamos a cair no mal. Cristo não aboliu essa lei (Mt 5, 17). Mas Cristo aperfeiçoou o Decálogo pela nova lei das Bem-aventuranças, e estas obrigam-nos a caminhar no bem tão longe quanto possível.

Já não há barreiras diante de nós; o horizonte é ilimitado; o progresso, indefinido. A ordem já não é: «Não esquecerás o teu Deus; não maltratarás o teu próximo»; mas: «Amarás a Deus de todo o coração e amarás o teu próximo como a ti mesmo». Por isso, o discípulo de Cristo nunca está dispensado de fazer sempre mais e melhor. Certamente, ele nunca desespera, pois está sempre contente com Deus e nunca se queixa dos outros; mas também nunca está contente consigo próprio, porque deseja servir melhor a Deus e aos seus irmãos.

Jesus Cristo não instaura o reino de Deus na terra com covardes e medíocres; precisa de homens de coração grande, que pensem grande, que vejam grande, que queiram grande. Esta vontade de grandeza cria neles uma insatisfação e uma inquietação comparáveis aos espasmos da fome e às ardências da sede.

Na vida orgânica, a fome é uma necessidade irresistível, que vai até o tormento; é *uma condição de vida*, pois sem as reclamações do apetite, tornar-nos-íamos negligentes em nos alimentarmos. Quando um doente perde o apetite, preocupa-nos o seu estado; o apetite é um *sinal de vitalidade*. O mesmo acontece com a fome espiritual. Os que não a sentem são aqueles infelizes que Zacarias nos mostra «sentados nas trevas e na sombra da morte» (Lc 1, 79).

Cristo abençoa a fome de grandeza que, no plano religioso e moral, é condição de crescimento, um apelo incessante para uma vida mais alta e mais resplandecente. Os discípulos estão sempre em marcha para um ideal que nunca atingirão, tal como na vida física a fome e a sede podem ser acalmadas momentaneamente, mas sempre voltam a aparecer. Eis um dos últimos lemas da Revelação: «Aquele que é justo justifique-se mais; e aquele que é santo santifique-se mais» (Apoc 22, 11).

Para que servem esses sonhos de grandeza?, murmura a prudência do mundo; deve-se propor aos homens um ideal menos elevado, mas que esteja ao alcance de todos. Um coração magnânimo rejeita semelhante sofisma; prefere não chegar ao topo da virtude, antes que rebaixar o seu nível. Cristo eleva-nos porque sempre será maior do que nós; com um ideal à nossa medida, não passaríamos de pigmeus. Quem se abandona à mediocridade, fatalmente há de descer mais baixo do que previa; inversamente, sempre ficamos aquém da meta que imaginávamos atingir, e por isso temos necessariamente de levantar os olhos mais alto. Um autor do século XVII escrevia com rara penetração: «Se me pedirem para dizer por que, havendo tantas pessoas que passam a vida servindo a Deus, há tão poucos santos, responderei que é porque não olham mais para cima».

É preciso notar, com efeito, que a magnanimidade reside na vontade e se caracteriza pela generosidade dos sentimentos. Evidentemente, não estamos imunizados contra o insucesso. Mas Deus julga-nos menos pela qualidade dos nossos atos do que pela intenção que os inspira; aos seus olhos, o nosso amor tem mais valor do que as nossas dádivas. E se os nossos desejos se confessam muitas vezes impotentes, Jesus Cristo sabe também levá-los até o fim; encarrega-se de saciar aqueles que têm fome e sede de fazer-se semelhantes a Ele. Porque – não troquemos a ordem das coisas –, este desejo de grandeza não tem origem em nós; é Deus que o ateia no nosso interior, como condição para a «vida do céu, para a qual Ele nos fez nascer» (Jo 3, 3-5).

Folheemos o Evangelho segundo São João; Jesus recomenda-nos que tomemos o alimento com que Ele próprio se alimentava: «O meu alimento é fazer a vontade dAquele que me enviou e completar a sua obra» (4, 34). Suplica-nos que acreditemos nEle: «Eu sou o pão da vida; aquele que vem a mim não terá jamais fome; e aquele que crê em mim não terá jamais sede» (6, 35). E este apelo: «Se alguém tiver sede venha a mim e beba» (7,37), o Salvador não o segreda ao ouvido de alguns privilegiados, dirige-o a uma multidão inteira.

Este aspecto merece ser convenientemente sublinhado. Aqueles a quem Jesus Cristo chama à grandeza não são seres excepcionalmente dotados e isentos das fraquezas da natureza humana. Não podemos ignorar o seu apelo pelo simples fato de sentirmos dentro de nós a pressão do mal, que ainda não sufocamos inteiramente. Os cristãos das Bem-aventuranças não são semideuses caídos do céu; pertencem à terra; são pobres pecadores que anseiam por sair da sua miséria. Têm fome de um mundo melhor, têm sede de pôr em suas vidas um pouco mais de beleza.

Esta sede, só Cristo a pode saciar. «Se alguém tiver sede – é o nosso caso –, *venha a mim*»; este é o primeiro passo que Cristo nos pede. Depois disso, *que beba!* Que se ajoelhe junto de Mim, como o viajante sequioso se debruça sobre a água clara do regato que o refresca.

O dinheiro, a ambição, os prazeres, os «divertimentos», no sentido que Pascal dava a esta palavra, não saciam a necessidade profunda de atingir a grandeza para a qual fomos criados. Mas importa ir ter com Aquele que espera a nossa visita solitária, junto do poço onde outrora disse a uma pecadora da Samaria: «Aquele que beber da água que eu lhe der jamais terá sede. A água que eu lhe darei será nele fonte inesgotável que salta para a vida eterna» (Jo 4, 14).

Fome de santidade

Bem-aventurados os que têm fome e sede de justiça.

Os símbolos da fome e da sede são, de per si, bastante claros. Precisamos agora de determinar o objetivo das aspirações que devem preocupar os cristãos e a que Cristo dava o nome de «justiça».

Evidentemente, as ideias que esta palavra despertava no espírito dos seus ouvintes, devemos procurá-las na Bíblia, onde este conceito possui inicialmente uma significação religiosa, e por derivação um sentido moral. Agora, ocupar-nos-emos da primeira acepção.

Em francês, o termo *justesse* exprime a qualidade pela, qual determinada coisa se ajusta exatamente àquilo para que foi destinada. Transportemos esta noção para o plano das coisas humanas. O homem *justo*, no Antigo Testamento, é o homem perfeitamente adaptado à sua tarefa e ao seu destino; é aquilo que deve ser, no lugar que lhe é designado; os seus pensamentos e as suas vontades concordam com as de Deus. Obedecendo às leis divinas, respeita os direitos de Deus sobre a sua pessoa: pratica a *justiça*.

Mas a justiça dos cristãos ultrapassará a dos israelitas de outrora. O Evangelho completou e aperfeiçoou a Lei antiga. Jesus Cristo quis criar uma nova raça de homens, completos, acabados (em latim *perfecti*, perfeitos). Talha--os com medidas novas: «Sede perfeitos, diz ele, como vosso Pai celestial é perfeito». Para chegar lá, deverão imitar o seu Mestre, «fazer o que ele faz» (Jo 13, 15). São Pedro, no seu segundo discurso em Jerusalém, chama a Cristo «o Santo e o Justo», e cinquenta anos mais tarde o Apóstolo São João escreverá: «Aquele que pratica a justiça é justo como Jesus Cristo é justo» (1 Jo 3, 7). Viver como Jesus Cristo, do pensamento de Deus, tal é a «justiça» de que os cristãos terão fome e sede. É uma vontade de Deus, uma necessidade imperiosa de Cristo, numa palavra, *uma fome de santidade.*

Desta vez, dir-se-á, é aspirar a muito. Mas vejamos.

Correntemente, emprega-se o termo «santidade» como sinônimo de virtude. Costumamos dizer das pessoas virtuosas, principalmente depois da sua morte: era um santo. Mas se a virtude é uma consequência lógica da santidade, no fundo *a santidade é coisa diferente da virtude.* Concordamos em que podemos ser virtuosos sem ser santos. Mas também pode haver santidade acompanhada de uma virtude imperfeita.

Para começar, é muito grande a diferença entre um *homem honrado* e um *cristão.* O primeiro propõe-se ser virtuoso; a sua fome de virtude é facilmente saciada, pois depressa atinge o nível moral da honestidade. Aparentemente, a conduta do «homem honrado» produz até uma impressão de equilíbrio que não se encontra, no mesmo grau, no homem cristão. Os maiores santos nunca estavam satisfeitos consigo próprios. Um cristão, por muito

FOME DE SANTIDADE

que se esforce, sente que não é o que deveria ser, o que quereria ser; nunca atinge o termo dos seus esforços e desejos; está sempre a caminho de se «fazer» cristão. Por isso se fez notar, com uma pontinha de espírito, que «a maior parte dos cristãos estão ainda no que se chama a idade do buço, como um rapaz de quinze anos que já perdeu o encanto da criança e ainda não tem o valor de um homem» (F. Bovet). Exteriormente, é possível notar no comportamento dos cristãos reações extemporâneas, contradições passageiras, uma certa instabilidade que «as pessoas de bem» estranham e que não deixam de nos humilhar.

Para explicar este contraste, dir-se-á que o ideal que se pretende atingir não é o mesmo nos dois casos. O do «homem honrado» está na escala humana, ao passo que, para o cristão, o Senhor tem exigências terríveis: «Sede perfeitos como vosso Pai celestial é perfeito». Os esforços que um e outro têm que desenvolver são francamente desiguais.

Além disso, devemos considerar que a virtude tem como objeto o homem (*eu* quero ser franco, paciente, desinteressado, etc.), ao passo que a santidade tem por objeto a *Deus*. A fome de santidade não nos leva diretamente ao progresso moral; não nos convida, propriamente, a tornar-nos melhores. Este resultado vem como uma consequência. Em si mesma, a fome de santidade é o zelo pela glória de Deus, a necessidade de glorificar a Deus; numa palavra, é o amor a Deus. A santidade reside na união com Deus; a virtude é um meio para isso.

Mas há mais. Devemos reparar que a virtude é obra nossa, uma obra humana. Não há dúvida de que a graça divina vem em socorro do cristão, na sua vontade de praticar o bem; mas com isso apenas contribui para a realização de uma obra que permanece humana. Não é difícil conhecer pessoas que não são cristãs e cuja virtude é superior à nossa. Somos mesmo obrigados a admitir que há homens sem fé que praticam certas virtudes cristãs melhor que muitos cristãos. Mas a santidade não é obra nossa, é obra de Deus.

Um dos mais belos cânticos da Igreja, talvez o mais antigo, contém esta exclamação: *Tu solus Sanctus, Jesu Christe.* Só Cristo merece em absoluto ser chamado santo; só Ele nos santifica. O adjetivo *sanctus* quer dizer «posto à parte». A escolha divina fez dos filhos de Israel um povo à parte; por isso Deus lhes mandou dizer por Moisés: «Sereis para mim homens santos» (Ex 22, 31). Este epíteto convém unicamente a Cristo, que é um Ser essencialmente à parte, enquanto Deus feito homem. Mas a infinita bondade de Deus dignou-se pôr-nos também a nós à parte – santificar-nos –, comunicando-nos a sua vida. Recebemos o germe desta vida no dia do batismo, e o próprio Cristo, o pão da vida, a alimenta em nós.

Esta riqueza divina não é, porém, depositada no cristão como uma pedra preciosa no seu estojo. A vida de Cristo mistura-se com a nossa vida humana, purifica-a, eleva-a, transforma-a. Não há em nós duas vidas distintas: uma vida divina e uma vida humana; a nossa vida humana é divinizada. Esta é a obra do Senhor, a propósito da qual Ele declara: «Sem mim, nada podeis fazer» (Jo 15, 5). Exige, contudo, a nossa cooperação através do nosso amor. Este amor, nós o manifestamos quando, vivendo de Cristo, queremos viver como Ele. E, quando queremos viver como Ele, desejamos ardentemente seguir o seu exemplo. É por esta forma indireta que a virtude se une à santidade, como uma consequência e condição, mas sem com ela se confundir.

Hoje, para designar os cristãos, empregamos a palavra «fiéis». Os Apóstolos davam-lhes o nome de «santos». Escrevendo aos fiéis de Corinto, Paulo chama-os *santos* (1 Cor 1, 2); mas o resto da Epístola mostra que muitos deles estavam longe de ser irrepreensíveis na sua conduta. A santidade caracteriza-se pela união com Jesus Cristo. União de vida, de graça e de glória; é a obra exclusiva de Deus. União de pensamento, de louvor, de obediência e de amor; é a nossa parte.

A *fome de santidade* é, pois, uma ânsia irresistível de formar uma única coisa com Deus; um desejo sempre vivo de conformar os nossos pensamentos com os seus; de identificar a nossa vontade com a sua, o que exige uma determinação sempre contínua de nos fazermos semelhantes a Ele nas nossas ações. Esta fome, sempre insatisfeita, Cristo a acalma e alimenta ao mesmo tempo, pela sua graça, até saciá-la completamente na união do céu.

É preciso que nos perguntemos a nós mesmos se sentimos esta fome de santidade em que Cristo vê um dos traços característicos do cristão. Ao contrário daqueles que afastam a ideia da santidade como coisa que não é para eles, e que dizem irrefletidamente: «Não tenho madeira de santo», nós devemos estar persuadidos de que Deus faz os santos com qualquer espécie de madeira, por mais vulgar que seja. Quando acreditaremos que a santidade é a vocação de todo o cristão, e que já estamos santificados, postos à parte, por Jesus Cristo? Se esperamos a glória do céu, é porque desejamos ser santos. Mas não devemos esquecer que, à exceção da bem-aventurada Virgem Maria, o céu está inteiramente cheio de pecadores – santificados por Jesus Cristo.

Não podemos, pois, voltar a dizer que não somos santos porque os nossos defeitos nos seguirão até o último instante, ou porque não conseguiremos praticar todas as virtudes na sua perfeição. Por que é que um ato de contrição tem que ser diferente de um ato de amor? Não é verdade que, apesar das faltas em que tornamos a cair, continuamos impacientes por unir-nos a Cristo, por ser semelhantes a Ele, ávidos de nos deixarmos santificar cada vez mais por Ele? Nestas condições – podemos afirmá-lo –, temos fome de santidade.

O cardeal Mercier atribui a São Francisco de Sales este pensamento que é digno de ser meditado: «Há uma perfeição impossível aos mais perfeitos, a não ser que tenham sido confirmados na graça: é a perfeição da conduta. E há uma perfeição imediatamente realizável pelos mais imperfeitos: é a perfeição do coração». A perfeição do coração ou da vontade é o desejo de perfeição, a fome de santidade. E os mais imperfeitos, como acabamos de ver, podem chegar lá.

Compreendemos agora que as exigências de Cristo a nosso respeito são exigências de amor. Ele quer que lhe estejamos unidos agora, para podermos realizar a tarefa fraternal de que falaremos a seguir, e encontrar na posse de Deus a realização plena de todos os nossos nobres desejos.

Sede de justiça

«Aquele que não ama o seu irmão a quem vê, escreve São João, como pode amar a Deus, a quem não vê? Este é o mandamento que recebemos de Cristo: aquele que ama a Deus, ame também o seu irmão» (1 Jo 5, 20-21). O amor a Deus, que concretiza os nossos desejos de santidade, leva-nos a tomar a resolução de amar os homens como a nós mesmos, de respeitar e defender os seus direitos; é o segundo aspecto da *justiça* cuja *fome e sede* os cristãos devem alimentar.

Os profetas de Israel não deixavam de lembrar que ninguém se podia vangloriar de ser justo diante de Deus se desprezasse os seus deveres para com os homens. Escutemos, por exemplo, Ezequiel: «Aquele que não oprime ninguém, que devolve o penhor que lhe confiaram, que não saqueia, que dá o pão a quem tem fome, que veste os nus, que não empresta com usura e nem reclama juros, que afasta a sua mão da iniquidade, que julga segundo a verdade entre um e outro homem – esse é verdadeiramente justo», diz o Senhor (18, 9). «De que serve uma fidelidade puramente cultual», lê-se no Livro de Isaías, «se no dia em que jejuais vos mostrais gananciosos, provocais questões e bateis nos outros? Em vão inclinais a cabeça como o junco e dormis sobre o saco e a cinza. Eis o jejum que me agrada: libertai aquele que oprimis, quebrai toda a espécie de jugo, recolhei os pobres sem abrigo. Então podereis invocar a Deus e Ele responderá: Eis-me aqui» (58, 3-9). Estas exclamações preparavam a pregação de Cristo, que tornou as nossas obrigações para com Deus inseparáveis dos nossos deveres para com os homens.

Deus provou-nos o seu amor pela doação que nos fez de seu Filho. Em Jesus Cristo, Deus uniu-se a toda a humanidade; por Ele, a comunidade humana tornou-se uma família, cujos membros são realmente irmãos. O ato da Encarnação estabeleceu uma conexão fundamental entre estes termos: *Deus*, *o próximo* e *eu*; já não me é permitido isolá-los. Pretender aproximar-me de Deus abstraindo do próximo, é uma ilusão. Entre mim e Deus estão todos os outros homens, também seus filhos. A fidelidade que eu lhe prometo, prová-la-ei pela forma como me dedicar ao meu próximo. Violei algum direito alheio? O Pai comum considera-se lesado. «Eis que o salário dos trabalhadores que ceifavam os vossos campos, o qual foi defraudado por vós, clama, e o clamor deles subiu até os ouvidos do Senhor dos exércitos» (Ti 5, 4). Ainda mais: mesmo que eu não prejudique positivamente o meu próximo, se, podendo, não remedeio a desgraça do mais humilde dos meus irmãos, Cristo, no dia do Juízo, considerará a minha indiferença como uma afronta feita a si próprio.

Não será menor o erro de querer aproximar-me dos outros esquecendo-me de Deus. Só Deus, em quem so-

SEDE DE JUSTIÇA

mos irmãos, pode estabelecer uma lei que permita sairmos do nosso egoísmo instintivo para chegarmos a um altruísmo sincero. Não há dúvida de que seria falso negar a bondade natural do homem. «É uma lei da natureza, afirmava Cícero, que o homem queira bem ao homem, unicamente porque é homem» (*De officiis*, III, 6). A mais segura teologia confirma esta doutrina: «A natureza, escreve São Tomás, pôs no coração do homem uma inclinação natural para amar todos os homens» (*Contra Gentes*, III, c. 130). A amizade a simpatia, a compaixão conseguem por si sós que os homens se esqueçam de si próprios, que se sacrifiquem e se consagrem aos outros. Também não é menos forte o sentimento natural de solidariedade, embora muitas vezes só se manifeste efetivamente no círculo de determinados agrupamentos (nações, classes, partidos). Mas aqui se observa claramente o grande fator de divisão entre os homens – o interesse.

Numa coletividade, o interesse constitui um elo apenas provisório; no fundo, é um dissolvente que fatalmente quebra todas as uniões. Na vida quotidiana, há sempre um momento em que os dois termos – a outra pessoa e eu – tendem a opor-se, e em que o meu direito me parece mais líquido e certo. Devo abrir mão daquilo que essa pessoa reclama para si?

É necessário um terceiro termo para me convencer de que nada perco ao renunciar a alguma coisa em benefício dos meus irmãos. É *Deus* quem me faz encontrar a felicidade amando o próximo como a mim mesmo. A justiça dos cristãos não se baseia num código: é o exercício de uma fraternidade que ama e que tem a sua origem em Deus. A propósito de São Vicente de Paula, houve alguém que fez esta observação muito oportuna: «Não foi o amor aos homens que o levou à santidade; foi antes a santidade que o tornou verdadeira e eficazmente caritativo. Não foram os pobres que o deram a Deus; foi Deus quem o deu aos pobres». Gratry observava o mesmo: «Os santos não se elevam até o amor de Deus à força de não amarem mais ninguém, mas amam toda a gente mais do que a si próprios por muito amarem a Deus sobre todas as coisas».

Descobrimos agora a amplitude da «justiça» de que os discípulos de Cristo têm fome e sede: ela torna-os insaciáveis em alcançar a glória de Deus promovendo a felicidade dos homens; em reconstruir o mundo tal como Deus o ordenou, tendo como alicerce o amor. Renegaríamos, sem dúvida, o nosso nome de cristãos se prejudicássemos voluntariamente um dos nossos irmãos; mas a *sede de justiça* vai muito mais longe do que o respeito pelos direitos dos outros. É uma inquietação que nos faz recear não darmos aos nossos irmãos tudo o que lhes devemos; é um tormento que não nos dá tréguas enquanto não forem suprimidos os abusos de que os nossos semelhantes são vítimas, e que nos leva a repará-los, na medida em que nos for possível.

«Lembrai-vos dos que são maltratados, como se habitásseis o mesmo corpo». Este conselho da Epístola aos Hebreus (13, 3) deve ser uma norma de ação para todos os cristãos. A falta de respeito, a denegação da justiça, infligidas aos outros, devemos nós senti-las como se fôssemos nós os atingidos: devemos senti-las em nossa carne.

No fim do seu livro *Les Sources*, Gratry resumia deste modo a sua mensagem: «Só peço uma coisa ao mundo

SEDE DE JUSTIÇA 141

contemporâneo: a vontade resoluta, decidida, de abolir a miséria. Que se decida publicamente, solenemente, a tomar como divisa a indicação de Moisés: "Ó Israel, não suportarás que haja em teu seio um só mendigo nem um só indigente". Que todos os povos, todos os partidos estejam de acordo neste único ponto e o ponham em prática incansavelmente. Isso basta. Afirmo que é por esse caminho que a justiça, a verdade e a religião se propagam pela face da terra».

Este apelo pungente, doloroso, não ficou sem eco. É inegável que, de umas décadas para cá, a boa vontade geral se tem esforçado por melhorar a condição dos homens que sofrem, isto é, da maior parte dos seres humanos. Também é certo que os cristãos tomaram uma ampla parte nesta recuperação da justiça. Gostaríamos, no entanto, que todos os discípulos de Cristo, sem exceções, tivessem sido os seus promotores. Nem todos compreenderam imediatamente que o entrechoque de interesses deve ceder o lugar a uma cooperação equitativa; que a esmola é uma hipocrisia quando substitui o salário; que a reabilitação das classes desfavorecidas exige a renúncia aos privilégios da fortuna.

Não tenhamos ilusões; as reformas sociais a que se procedeu desde o início deste século foram muitíssimas vezes obtidas pelo recurso à força, e outras tantas concedidas sob o domínio do medo. Muitos males passados e futuros se teriam podido ou se poderiam evitar se os cristãos cerrassem fileiras e se transformassem em campeões da justiça!

Não devemos pensar que estas considerações se situam fora da esfera do reino de Deus. Para ser eficaz, a luta contra a miséria deve ser combatida em suas origens. E um cristão não pode resignar-se a ver o pecado alterar a ordem do mundo. A sua sede de justiça confunde-se com a sua fome de santidade. E não é menos verdade que, contribuindo para tornar mais humana a sorte dos homens, é a Cristo em pessoa que os seus discípulos glorificam.

Um desgraçado que esteja em contato com cristãos empenhados em lutar pela dignidade e pelos direitos dos menos favorecidos, com cristãos dispostos a suportar todas as misérias para aliviar as dos outros, esse desgraçado não tarda a reconhecer que «nem só de pão vive o homem» e que a virtude é a condição necessária para um progresso real e duradouro.

Mas o verdadeiro drama do cristão que toma a sério o Evangelho é não poder viver dentro da justiça, pois faz parte de um estado social que contradiz o seu ideal de fraternidade e santidade. Condena a guerra, e tem de viver numa sociedade que a prepara; come o pão de cada dia, mas num mundo onde centenas de milhares de indivíduos padecem fome; serve-se das vantagens de um regime econômico que permite abusos revoltantes; exerce talvez uma profissão em que não lhe é permitido ser rigorosamente honesto.

Não há dúvida de que se dedica, no círculo restrito da sua atividade, a denunciar o mal, a reduzi-lo, a repará-lo. Mas nem por isso deixa de partilhar da responsabilidade dos grupos a que pertence. Os pecados coletivos de uma sociedade que tolera a miséria e a imoralidade pública são, em parte, pecados seus, pois é um dos membros dessa sociedade. Estes pecados que vê com horror, não pode ele impedir que se cometam. Tem de viver e sofrer nessa ten-

SEDE DE JUSTIÇA

são contínua. Compreende-se agora que, nesta contradição atroz, soframos depois do Cordeiro de Deus «o pecado do mundo», e que, por este despedaçamento da nossa consciência e do nosso coração, prolonguemos o sofrimento de Cristo crucificado, para redenção dos homens. É vocação nossa viver esta contradição, aceitar no meio da multidão a solidão da cruz, ter apenas a amargura das nossas desilusões para matar a nossa sede de justiça.

Sede benéfica, pois o seu aguilhão nos lembra incessantemente que devemos dedicar-nos aos nossos irmãos. Sede abençoada, porque o próprio Cristo a acalma, fazendo-nos vislumbrar, para além das tristezas e dúvidas do presente, dias melhores em que os nossos descendentes hão de viver em sociedades mais fraternais. Sede de justiça e fome de santidade, que se misturam no nosso interior num mesmo tormento, e que serão plenamente saciadas se tivermos sofrido o bastante para que Deus nos reconheça no último dia e nos diga: «Vinde, abençoados de meu Pai. Tive sede, e me destes de beber, pois tudo o que fizestes ao mais pequeno dos meus irmãos, a mim o fizestes».

QUINTA BEM-AVENTURANÇA

Os misericordiosos

«O Senhor é tão misericordioso como justo». Esta prece do salmista é um dos numerosos versículos da Bíblia em que se reúnem os dois atributos de Deus que dominam e iluminam a história do povo de Israel, umas vezes atingido pela justiça inflexível, outras amparado por uma misericórdia inesperada. Mas se Deus castiga e perdoa alternadamente, não se pode concluir daí que os seus sentimentos variem como os nossos. «Em Deus não há vicissitude nem sombra de mudança» (Ti 1, 17). É bom quando castiga, e justo quando perdoa.

As duas noções de justiça e de misericórdia são igualmente correlativas nas passagens em que a Escritura as aplica ao homem. Prova-o, entre muitos outros, este texto do profeta Miqueias: «Fizeram-te conhecer, o homem, o que o Senhor te pede: que faças o que é justo, ames a misericórdia e caminhes humildemente com o teu Deus» (6, 8).

O programa em torno do qual Cristo agrupa os seus discípulos permanece na linha tradicional. Depois de os convidar a ter fome e sede de justiça, o Salvador acrescenta: *Bem-aventurados os misericordiosos, pois obterão misericórdia.*

A quinta Bem-aventurança completa a anterior sem lhe trazer qualquer retificação, como seríamos talvez tentados a supor. Na verdade, segundo a nossa maneira habitual de falar, há uma certa oposição entre a justiça e a misericórdia. Por exemplo, quando se trata de um devedor, a justiça exige que este pague integralmente o que deve. Quando o credor renuncia a uma parte da dívida, faz um ato de misericórdia. Desta maneira, opomos correntemente à austeridade da justiça as concessões da piedade, às obrigações da justiça as liberalidades facultativas da beneficência.

Estas distinções de juristas e de moralistas baseiam-se na razão; prescindir delas seria abalar em maior ou menor grau a ordem social. Mas, no quadro do reino de Deus e do espírito do Evangelho, seria vão pretender distinguir entre justiça e caridade. Já vimos que a «justiça» não existe, se não tiver como base o amor; e o mandamento de amar o próximo como a nós mesmos nunca é facultativo. Quando falamos de amor, fazemos intervir um princípio novo, que modifica as relações entre os homens. Se eu combino com um operário um salário insignificante que ele aceita; ou se exijo de um devedor em sérias dificuldades que liquide imediatamente a sua dívida, exerço legitimamente o meu direito, segundo o Código; mas já não poderei dizer a Deus que amo o meu próximo *como a mim mesmo*. O cristão encontra-se por vezes em situações em que este preceito exige a renúncia aos direitos que lhe assistem.

Bem-aventurados os misericordiosos! O texto grego emprega aqui uma palavra que só mais uma vez se encontra no Novo Testamento, e aplicada Àquele que se fez semelhante a nós «para ser misericordioso e compadecer-se das nossas misérias» (Heb 2, 27). A misericórdia é, pois, mais do que a simples piedade, que implica uma distância entre o homem que sofre e aquele que o lamenta. Supõe uma verdadeira *compaixão*, a partilha efetiva das misérias dos nossos irmãos, de suas dificuldades materiais e de suas fraquezas morais.

Parece ser principalmente neste último sentido que se deve encarar o objeto da nossa Bem-aventurança, pois a misericórdia que devemos testemunhar aos outros aparece-nos aqui em íntima relação com a que nós esperamos do Soberano Juiz, em virtude dos nossos pecados. Cristo manda-nos por isso amar os nossos irmãos culpados, embora em tais casos estejamos expostos a consequências cujos efeitos colaterais podem nos deixar perplexos.

Auxiliar um ébrio ou um jogador não será o mesmo que favorecer um vício? Mas Cristo pergunta-nos: esse criminoso e pecador é infeliz? Basta isso para que seja digno do teu interesse. Amarás o teu próximo, não porque o merece, mas porque é teu próximo. A justiça exige que ele se arrependa, mas a misericórdia quer que o ofendido perdoe sinceramente, mesmo que o primeiro não se mostre arrependido ou recuse a reconciliação que lhe oferecemos. Um cristão não guarda rancor a ninguém.

«Quantas vezes hei de perdoar ao meu irmão? Sete vezes?», perguntava a Cristo o Apóstolo Pedro, julgando-se excessivamente generoso. E o Mestre respondeu-lhe: «Não sete vezes, mas setenta vezes sete». A hipérbole é clara; a vontade do Senhor, também. Ele não tolera limites para além dos quais o amor próprio e a dureza possam retomar os seus direitos. Toda a miséria moral, seja qual for, é um apelo à misericórdia do cristão.

Cristo voltará frequentemente a falar deste dever difícil. Na proclamação das Bem-aventuranças anuncia somente o princípio. E não será inútil analisar a razão de ser deste ensinamento, dadas as acusações de que é objeto. A misericórdia – diz-se – praticamente suprime a distinção entre o bem e o mal, encoraja a injustiça e é um ato de fraqueza.

Afastemos desde já esta última censura, de valor muito relativo. A quem se poderá fazer acreditar que os que visitam os encarcerados não têm de dar amplas provas de energia? E antes de acusarmos de covardia o homem que estende a mão àquele que o injuriou, temos de compreender que ele primeiro sentiu vontade de o estrangular com aquela mesma mão, e que foi necessária uma virilidade pouco comum para esquecer que a sua honra tinha sido achincalhada. O perdão é um ato de força; mas, e já o vimos atrás, a força não é o mesmo que dureza.

Quanto à acusação de que os misericordiosos enfraquecem a justiça, deve-se notar antes de mais nada que o perdão tende a reabilitar o culpado, e não a negar a sua culpabilidade. Se determinado crime é passível de uma condenação judicial, o misericordioso não a anula.

A misericórdia não substitui a justiça; dá-lhe a sua plena eficiência; é propriamente um ato de justiça. Ela é-o, sem dúvida, relativamente aos desgraçados que são os autores da sua própria miséria. Sim, eles são, segundo a fórmula corrente, punidos pelo pecado que cometeram. Mas esse crime só lhes deve ser atribuído a eles? A sociedade deve castigar os criminosos, é verdade; mas a sociedade cumpriu todos os seus deveres para com aqueles que vieram a atolar-se no crime?

A misericórdia é ainda um ato de justiça nas relações entre a pessoa ofendida e a que ofendeu, abstraindo das consequências jurídicas que uma ofensa possa provocar, quero dizer, encarada a ofensa como algo que se passa entre seres humanos, que é o único aspecto que o Evangelho conhece. Nunca lesamos ou pelo menos magoamos algum parente nosso? E não merecíamos que ele nos privasse da sua confiança ou da sua estima? Embora respondamos que sim, no fundo estamos convencidos do contrário, porque no dia em que a ofensa se deu, tínhamos deixado de ser nós próprios, por termos reagido sob o domínio da paixão. Não obstante a nossa culpa, tínhamos direito a um pouco de misericórdia.

Ora, a verdade não muda quando, mudando o papel, somos nós os ofendidos. Se nos mostramos implacáveis, caminhamos para a injustiça. Pelo contrário, se somos misericordiosos, seremos justos. Nessa «floresta obscura» que é a alma do homem, não nos podemos orgulhar de saber dizer exatamente onde começa a sua responsabilidade. Como proceder à distinção entre a liberdade e as influências de que o homem é. objeto, entre a sua vontade e as suas fraquezas? «Quem soubesse compreender tudo, escrevia Mme. de Staël, tudo desejaria perdoar».

A misericórdia é também um ato de justiça em relação a Deus. Dizia Verlaine: «Contristamos um nosso irmão, afligimo-lo, ferimo-lo? Só ofendemos a Deus…» É nisto que reside a profunda malícia do pecado, e é por isso que devemos desejar, acima de tudo, que aquele que nos ofendeu se arrependa diante de Deus. Mas não é a nossa dureza que o vai ajudar a fazê-lo, porque à nossa intransigência ele certamente irá opor uma obstinação no pecado muito mais prolongada.

A misericórdia é finalmente um ato de justiça para conosco próprios. «Não quero pensar mais nisso, dizemos, mas não perdoo». No entanto, apesar disso, continuamos a pensar, encerramo-nos numa frieza calculada, tornamo-nos desconfiados, azedos, e sufocamos a bondade. Só saberemos esquecer quando perdoarmos. A maneira de triunfar da ofensa é nunca querermos considerar-nos ofendidos: é a maneira de Deus, que destrói verdadeiramente o mal. Perdoar é um poder divino.

A nossa Bem-aventurança convoca-nos a todos para junto do tribunal de Deus. Pensaremos, então, nos crimes ou nos vícios dos outros? Será suficiente deitarmos um último olhar sobre a nossa própria miséria. Como nos envergonharemos dos nossos mesquinhos rancores! Como nos parecerão ridículas as maledicências alheias! Seremos os primeiros a rir-nos delas. É preciso passar depressa uma esponja sobre as ofensas que nos fizeram, aumentadas pela nossa imaginação, desfiguradas pelo nosso orgulho ou por um falso sentimentalismo. A vida presente é breve e traz-nos contrariedades suficientes para que não lhe juntemos penas inúteis. Esqueçamos, e saborearemos uma das maiores alegrias da terra: a alegria de termos perdoado.

O «Pai da Misericórdia»

Terminemos o verso do poeta desventurado, que sabia por experiência que a misericórdia divina pode tocar o pecador mais miserável: «...Só ofendemos a Deus, que é o único que perdoa».

Só Deus perdoa. O perdão dos homens não apaga o crime; não liberta a consciência de quem ofende; consola principalmente o ofendido. O perdão de Deus justifica o pecador, se este renuncia à sua vontade perversa. «Se os vossos pecados são como o escarlate, tornar-se-ão brancos como a neve», diz Isaías (1, 18): já não existem, pois Deus não mais os vê. Talvez o pecador absolvido volte a cair no pecado; Deus sabe-o, e se o culpado se arrepender novamente, Deus voltará a perdoar-lhe. Ele é, escreve São Paulo, o *Pai da misericórdia*.

Mas, uma vez que a nossa perfeição deve ser semelhante à do Pai dos céus, Cristo exige de nós a mesma compaixão para com os homens que nos fizeram sofrer ou nos lesaram. Esta imposição esbarrou, entre os contemporâneos de Cristo, com uma longa resistência; por isso o Mestre não se cansou de repeti-la. Deus perdoa-nos as nossas ofensas, segundo a fórmula do Pai Nosso, «como nós perdoamos a quem nos tem ofendido». Mais ainda, o perdão de Deus estará «condicionado» pela atitude que tivermos para com os nossos irmãos: assim o ensina a parábola do servo mau (Mt 18, 21-38).

Reparemos por um instante na promessa da quinta Bem-aventurança: «Bem-aventurados os misericordiosos, *porque obterão misericórdia*». A advertência não é supérflua. Sabendo como o Senhor nos guia para o cume da santidade, poderíamos julgar que basta dar alguns passos para o atingir. Não há dúvida de que Cristo nos chama a um ideal de grandeza, mas não percamos de vista que partimos de muito baixo. «Ele levanta o indigente do pó, cantava o salmista; tira da estrumeira o miserável, para sentá-lo ao lado dos príncipes do seu povo» (Sl 92. 7). O nosso valor diante de Deus vem unicamente do fato de Ele nos ter perdoado.

Ora, entre os ouvintes de Cristo, aqueles que passavam por ser os mais religiosos não o ouviam com esse espírito. Fiéis em repetir o estribilho do salmo do banquete pascal – «a sua misericórdia é eterna» –, confessavam tudo dever à bondade do Senhor, mas pretendiam ter direito a ela, como filhos de Abraão e herdeiros das promessas divinas. Alegaram estes títulos quando quiseram silenciar João Batista, que lhes pregava a penitência; e também não puderam suportar por muito tempo que Cristo lhes dissesse, como a pecadores vulgares: «Arrependei-vos». De que se arrependeriam, eles que cumpriam minuciosamente as prescrições da Lei? Recusavam-se a ver o Messias nesse homem que abria o reino de Deus aos pecadores, depois de os absolver dos seus pecados, como se fosse

O «PAI DA MISERICÓRDIA» 153

Deus. Não fora Ele ao ponto de declarar que os pagãos participariam do festim messiânico com Abraão, Isaac e Jacó, ao passo que eles seriam lançados às trevas exteriores? (Mt 8, 11). E qual o sentido desta provocação: «Não vim chamar os justos, mas os pecadores»? (9, 13).

Não censuremos os fariseus de outrora antes de vermos se também nós não estamos cedendo à mesma ideia de dividir o mundo em dois blocos: os que pensam bem e os que pensam mal, os bons e os maus, enfileirando-nos, evidentemente, na primeira categoria. Quando ouvimos falar dos «pecadores», não estaremos pensando que se trata dos outros? São Paulo procedia de maneira diferente, ele que se dizia o último dos Apóstolos (1 Cor 15, 9) e o primeiro dos pecadores (1 Tim 1, 15). Seguindo o seu exemplo, os maiores santos consideravam-se grandes pecadores, e não podemos pôr em dúvida a sinceridade desse juízo. O que acontece é que tinham uma ideia da santidade de Deus mais elevada que a nossa.

O nosso erro é não situarmos o pecado no seu verdadeiro lugar. Julgamo-lo com as nossas medidas humanas, e as nossas infrações parecem-nos leves, comparadas com os atos dos criminosos. Até as desculpamos porque, quando cedíamos aos nossos impulsos, não tínhamos qualquer intenção de atentar contra a majestade de Deus. Mas desobedecer às leis divinas é essencialmente recusar-se ao amor; eis por que os santos sentem mais fortemente a malícia da natureza humana, e porque também a gravidade de um pecado não é igual para todos. O pecado resulta da intromissão nos nossos juízos do egoísmo, que é um amor falso de nós mesmos e que desvirtua a visão exata das coisas.

Quando fazemos do nosso *eu* o principal objeto dos nossos pensamentos, dos nossos desejos, das nossas satisfações, respiramos uma atmosfera de pecado. Sacrificamos as nossas faculdades superiores a uma paixão passageira; desprezamos os direitos dos nossos semelhantes; ocupamos o lugar de Deus, pretendendo sermos nós os juízes do bem e do mal. O pecador, tenha ou não consciência disso, faz-se centro do mundo; nega praticamente a soberania de Deus.

Mas as ordens de Deus não são caprichos arbitrários de um déspota; são vontades de um Pai que ama, a expressão da sabedoria criadora, as próprias condições da Vida. Se os homens pudessem mentir, roubar e matar à sua vontade, em pouco tempo a humanidade desapareceria deste planeta. O pecador abandona o plano divino e exila-se na criação, como o peixe que se debate na areia antes de morrer, como um astro que saísse da sua órbita, para provocar desastres ao longo do seu curso alterado e depois desaparecer. O egoísmo, opondo-se às leis da vida, é um agente de morte. O pecador origina de uma só vez estes resultados: separa-se dos outros homens, abandona a sua missão e enfraquece a alma coletiva da humanidade. O egoísmo, opondo-se à felicidade dos outros, é uma causa de sofrimentos. O pecador, se refletisse, notaria que está em desacordo consigo mesmo e que mutila a sua personalidade; por isso teima em não se examinar. O egoísmo é uma fonte de ilusões.

Mas que homem está imunizado contra essa lei de que falava São Paulo, inerente aos nossos membros, e que nos levanta contra a lei da nossa razão? Sem dúvida, há diferenças de grau entre umas pessoas e outras; mas o fato é universal: pertencemos a uma raça de pecadores. Esta comprovação, que logicamente nos conduziria ao desespero e ao cinismo, é o ponto de partida da nossa reabilitação, possível pela graça de Jesus Cristo.

«A grandeza do homem é grande na medida em que ele se reconhece miserável», notava Pascal. Miserável, primeiro, pela sua pequenez e fragilidade. Miserável principalmente pelas suas fraquezas morais. Mas são «misérias de grande senhor, misérias de um rei destronado». Logo que nos reconhecemos pecadores, tomamos consciência da nossa nobreza original, e de que, não tendo sido feitos para o pecado, podemos sair dele. Um dos mais belos cânticos da Vigília Pascal ousa declarar que o pecado de Adão foi *necessário*. A perda da inocência faz nascer no homem o sentimento da sua responsabilidade, o arrependimento e a vontade de se reabilitar. Confessar-se infiel a Deus é começar a sair do pecado. Porventura teríamos em nós o sentimento do mal se não amássemos, se não quiséssemos o bem?

Abro aqui um parêntese para apontar o principal motivo por que muitos espíritos, atraídos pela bondade do Evangelho, bastante dispostos a aceitar a parte de obscuridade que envolve toda a concepção humana do infinito, não se decidem, no entanto, a transpor o limiar do cristianismo. Um obstáculo invencível os detém do lado de fora da fé.

A razão está em que o cristianismo é uma doutrina de redenção, e esta apenas é inteligível àqueles que estão convencidos de que pecaram e têm necessidade de um Salvador. O homem que não sente dentro de si a luta entre o bem e o mal, ou que não vê nisso mais do que noções convencionais; o homem que não para, ao pensar que faz sofrer seres de carne como a sua; o homem que se justifica a si próprio e não quer dizer: «minha culpa» — esse volta as costas à luz, e toda a espécie de fantasmas lhe ocultam a verdade do Evangelho. É necessário que se confesse pecador, para encontrar ao mesmo tempo, junto de Cristo, a Verdade e o seu perdão.

Mas nós, cristãos, não podemos deixar enfraquecer dentro de nós o sentido do pecado; não podemos ser daqueles noventa e nove que julgam não ter necessidade de arrependimento, porque se orgulham de ser justos. Imitemos, antes, o publicano que dizia, batendo no peito: «Meu Deus, tende piedade de mim, que sou pecador». Imediatamente Cristo, em quem se conciliam os dois inconciliáveis, a justiça infinita e a misericórdia infinita, dar-nos-á o seu perdão. Ele, mas só Ele, nos torna justos e evita que caiamos novamente no pecado. «Ó meu Deus, escrevia Santo Agostinho, confesso que me perdoaste não só o mal que fiz, como também o mal que não fiz graças a ti».

Eles obterão misericórdia. Importa verificar cuidadosamente que Cristo não disse: «Eles merecerão misericórdia». O perdão divino é um ato de amor gratuito. Nós temos apenas de agradecer e alegrar-nos por sermos perdoados. Uma das maravilhas mais paradoxais do Evangelho é a afirmação de Cristo de que Deus está contente de perdoar-nos; mais contente de absolver-nos do que nós de nos sentirmos aliviados das nossas culpas.

Como dar graças a Deus por tal bondade? Cristo disse-nos qual a forma de o fazermos: aquilo que nós esperamos que Deus faça conosco, devemos nós fazê-lo aos nossos ir-

O «PAI DA MISERICÓRDIA»

mãos. Estamos obrigados a dar-lhes um amor gratuito, como é gratuito o amor que Deus nos testemunha.

Bem-aventurados os misericordiosos. A Igreja de Deus na terra é uma grande família de pecadores perdoados, que estão sempre a converter-se, caminhando juntos para a santidade. Não pode haver desconfianças entre nós; não pode haver ofensas. Iremos investigar as dívidas dos nossos irmãos, quando Deus esquece as nossas?

Devemos pedir a Jesus Cristo que tome o lugar do nosso *eu* e nos dê aquilo que São Paulo chama sem rodeios «entranhas de misericórdia» (Colos 3, 13). Trêmulos diante da justiça de Deus, somos, no entanto, irmãos «que levam os fardos uns dos outros», que se auxiliam mutuamente, que reúnem forças para pôr em comum as suas fraquezas: eis a Igreja dos cristãos na terra, eis a futura assembleia dos santos.

SEXTA BEM-AVENTURANÇA

Na presença de Deus

As ambições de Cristo relativamente aos seus discípulos não se realizariam plenamente se estes não dessem também provas de uma perfeita retidão; é o objeto da sexta Bem-aventurança: *Bem-aventurados os puros de coração, porque verão a Deus.*

Distinguiremos melhor o que é a «pureza do coração» exigida por Cristo quando tivermos compreendido o que se deve entender por estas palavras: *verão a Deus.*

Evidentemente não se deve esperar neste mundo a visão direta de Deus; ela constitui a felicidade suprema do céu. Não será apenas uma contemplação da majestade divina, mas uma posse de Deus, onde o amor não terá parte menor do que a inteligência. Recorramos à Escritura. «Presentemente, escreve São Paulo, temos apenas um conhecimento imperfeito e obscuro de Deus; mas então vê-lo-emos face a face, sem nuvens nem intermediários, tal como Ele nos vê a nós» (1 Cor 13, 12). Esta reciprocidade implica uma participação na vida íntima de Deus, o que faz São João dizer: «Seremos semelhantes a Ele, porque o veremos tal como é» (1 Jo 3, 2).

160 GEORGES CHEVROT

Mas mesmo antes de deixarmos a condição terrena, que não consegue suportar a manifestação da presença divina, podemos desde já «ver» a Deus, tomando este verbo no sentido em que muitas vezes dizemos «eu vejo» por «eu sei» ou «eu compreendo». Trata-se, neste caso, de uma forma especial de ver a Deus. Jeremias faz alusão a ela quando anuncia a nova aliança que Deus estabelecerá com os homens: «Assim fala Yavé: porei a minha lei no seu interior e escrevê-la-ei em seus corações; eu serei o seu Deus e eles serão o meu povo. E *conhecer-me-ão*, do mais humilde ao mais poderoso» (31, 33). Uma luz que é, sem dúvida, um dom do céu, e que deve permitir já agora a comunhão com o pensamento e o amor de Deus: essa luz será privilégio dos «puros de coração».

Uma primeira experiência feita por todos os que têm fé é aquela de que nos fala São Paulo: graças a ela, nós entrevemos a Deus como pelo reflexo de um espelho. «Desde a criação do mundo, escreve o Apóstolo, as obras de Deus tornaram visíveis à inteligência os seus atributos invisíveis, a sua força, a sua eternidade, a sua transcendência» (Rom 1, 30). Mas, diz ele noutro lugar, «para o descobrir, é preciso procurá-lo como às apalpadelas, embora não esteja longe de nós, pois é nEle que temos a vida, o movimento e o ser» (At 16, 27).

Há, portanto, um conhecimento natural de Deus, isto é, um apelo real de Deus para que o encontremos no espetáculo da Criação e no interior da nossa consciência. Não será inútil voltarmos a afirmá-lo na nossa época, em que determinados pensadores declaram que Deus é uma hipótese supérflua; que Ele não pode existir, porque a sua existência poria em perigo a liberdade do homem.

Mas por que razão uns podem descobrir a Deus, enquanto para outros isso é impossível? Eis uma primeira explicação: «Se fôssemos completamente puros, completamente sem orgulho…, veríamos a Deus… e a nossa alegria seria indescritível» (Tremier). Nem todos os olhos o veem porque basta um leve véu para ofuscar a nossa vista. Este véu é muitas vezes tecido por disposições morais imperfeitas.

Deus, na verdade, não é a simples conclusão de um raciocínio. Se ele é o nosso Criador, e além disso o nosso Mestre, não tem direito somente à aprovação da nossa inteligência; impõe-se à nossa liberdade, e é isto o que interpõe, entre Ele e muitos homens, nevoeiros mais ou menos densos que o encobrem.

Da amálgama das paixões contraditórias que se agitam em nós, podem surgir e implantar-se tendências que se opõem à verdade. O avarento transforma pouco a pouco o seu coração à imagem daquilo que ama; torna-o duro, seco, frio; fabrica um coração de pedra, incapaz de ver a Deus. A mesma incapacidade atinge os corações dos que se deixam corromper pela sensualidade, pelo ódio, pela astúcia ou pela ambição. Quando temos medo da verdade, fabricamos uma verdade. É preciso amar a verdade mais do que a nós mesmos, sem ficar meditando nas consequências que ela nos pode trazer; temos de abrir-nos a ela com simplicidade, temos de ser «completamente humildes, completamente puros». Então poderemos ver a Deus.

Mas o véu que esconde Deus de certos homens pode também resultar de disposições intelectuais defeituosas, mas que nem sempre lhes são imputáveis.

«As provas metafísicas de Deus, comprovava Pascal, estão tão afastadas do raciocínio dos homens que impressionam pouco; e se servissem para alguns, apenas serviriam no momento em que vissem a demonstração; uma hora depois, voltariam novamente a perguntar se não se teriam enganado». Eis por que «Deus, que nunca ninguém viu, como escreve São João, foi dado a conhecer por Jesus Cristo, seu Filho». Àqueles que nunca chegam a demonstrar Deus, é o próprio Deus que se mostra: «Aquele que me vê, vê o Pai».

Com efeito, para um cristão, o problema de Deus põe-se em termos completamente diferentes. Pela sua união com Jesus Cristo, o cristão já não procura a Deus; não se preocupa em provar a sua existência: é uma questão que lhe parece ociosa. Vive na sua presença, «vê a Deus». Chega até Ele pela *fé*, que Pascal definia assim: «Deus sensível ao coração», e que não deve ser confundida com a inquietação ou a exaltação da sensibilidade. Apenas os resultados desta presença divina são do domínio da experiência. É primeiro uma *certeza* íntima de que Deus nos possui e de que nós o possuímos. Duvidaríamos de tudo antes de duvidar de Deus. Esta convicção é acompanhada por uma *confiança* inalterável nEle e por uma vontade de obedecer-lhe, melhor ainda, por uma necessidade de *fidelidade.*

O cristão assim iluminado e esclarecido já não tem necessidade de provas para estar certo da ação de Deus sobre o mundo e através dos acontecimentos. Quando exclama: «Creio em Deus», não repete uma fórmula, não afirma apenas que Deus existe. «Eu creio» não significa «eu sei», nem mesmo «estou certo». Acreditar num ser humano é já um passo de uma gravidade singular. «Creio em ti» é um grito de admiração, uma vontade de submissão amorosa, uma doação do próprio eu. É assim, e num grau ainda

NA PRESENÇA DE DEUS 163

mais elevado, a fé religiosa. Crer em Deus exprime um compromisso total, uma carta branca pela qual reconhecemos a Deus todos os direitos sobre nós. Numa palavra, acreditar é amar. «Aquele que ama, escreve São João, esse conhece a Deus» (1 Jo 4, 7).

É evidente que esta fé sobrenatural é obra de Deus em nós. Só Ele pode acender este amor em nossos corações e conservar a sua chama. Ela é apanágio dos corações que se preservam do pecado. Ver a Deus significa viver sob o seu olhar, agir com o fim de lhe agradar.

Mas Deus não tarda a exigir daqueles que creem nEle uma purificação mais profunda. Umas vezes, é um acontecimento que lhes derruba os projetos mais acariciados: se aceitam a prova de olhos fechados, verão que foi Deus quem os conduziu. Outras, é o Evangelho que lhes impõe uma obrigação difícil: se obedecem, embora lhes custe, avançarão na visão de Deus, pois a verdade torna-se mais luminosa à medida que é maior o sacrifício que se faz por ela. Um esforço para o bem é um passo em frente para a verdade. Deus, finalmente, não hesita em pedir àqueles que o amam uma renúncia mais radical. Por uma anomalia aparente, arranca-lhes o sentimento da sua presença. A oração estanca nos lábios desses homens, numa interrupção brusca: «Alguém me ouve?». Interrogam-se sobre as verdades da fé: «Será verdade?». Cumprem a sua tarefa diária sem alegria, com a impressão de que a vida é inútil. É a purificação suprema, a hora em que é preciso crer no meio das trevas, esperar contra toda a esperança, amar no vazio. É a hora do grande abandono, que Cristo experimentou na cruz, mas também a hora da salvação.

Todos os santos atravessam esta noite sombria da alma. Com menos violência, e com menor duração, todos os cristãos fiéis passam por esses eclipses da fé. Nesses momentos, Teresa de Lisieux compunha cânticos em que cantava, dizia ela, «não o que acredito, mas aquilo em que *quero* acreditar». O cristão avança nas trevas, com a certeza de que, embora não veja nada, Deus o vê sempre.

Em breve perderíamos o hábito do esforço, se vivêssemos constantemente na luz, na segurança, na doçura de nos sentirmos amados. Julgar-nos-íamos santos, em vez de procurarmos sê-lo.

Deus quer lembrar-nos que a fé é sempre um risco, a esperança sempre um abandono, o amor sempre um tormento. Mas Ele não nos experimenta acima das nossas forças. A nuvem dissipa-se e a luz aparece, mais viva, ao nosso olhar que se tornou mais límpido.

Agora sabemos quem são os «puros de coração». São aqueles a quem Deus tira uma após outra as peias do egoísmo, a fim de que nunca percam de vista o Deus para quem devem orientar toda a sua vida.

Consciências retas

Bem-aventurados os corações puros! Prestes a deixar os seus discípulos, Cristo promete-lhes que, se em breve deverá tornar-se invisível para o mundo, eles pelo menos o voltarão a ver. «Eu hei de manifestar-me a todo aquele que me amar e cumprir os meus mandamentos», esclarece (Jo 14, 28). Indicamos atrás que esta visão especial de Deus exige uma purificação do espírito, que é um aspecto da «pureza de coração». Mas há outros aspectos que temos de examinar.

Normalmente, identifica-se pureza com castidade, e não se duvida de que a indisciplina quanto à regra dos costumes coloca as pessoas na impossibilidade de conhecerem e compreenderem as realidades religiosas. Um coração manchado exclui-se a si próprio da intimidade com Deus. Cristo voltará a falar deste tema no Sermão da Montanha, mas a sexta Bem-aventurança tem um alcance muito maior.

Entre os semitas, o *coração* servia para designar o conjunto das nossas faculdades interiores, a razão e a consciência, como também as tendências afetivas e a vontade. Quanto ao termo *puro*, não significou primitivamente «imaculado»; correspondia mais exatamente à ideia de «sem mistura». O ouro puro não tem qualquer liga; é puramente (unicamente) ouro; um vinho puro não tem nenhuma mistura de outro líquido; e falamos do ar puro do campo, em contraste com a atmosfera viciada das grandes cidades. A noção concreta de pureza opõe-se, pois, a tudo aquilo que seja divisão e alteração: devemos referir-nos a ela para compreendermos melhor a nossa Bem-aventurança.

De resto, usando a expressão «puro de coração», que figurava num salmo muito conhecido dos seus ouvintes, Cristo tomou-a evidentemente no sentido que estes lhe davam. «Quem subirá a montanha de Yavé, quem se conservará no seu lugar santo?» E o salmista responde: «O homem que tem as mãos inocentes e o coração puro, que se abstém da mentira e dos falsos juramentos» (SI 24).

A primeira ideia de pureza é a da retidão moral. Os «puros de coração» são, sem dúvida alguma, as *consciências retas*. É natural que Cristo exija esta condição a todos os seus discípulos. Mas vejamos agora ao que ela nos obriga, no contexto geral do Evangelho.

Que «voz» é esta que fala dentro de nós? Embora semelhante a nós próprios, não vem de nós, pois contraria os nossos desejos e fantasias e pronuncia-se contra os nossos interesses. Não tem meios de coagir-nos, e todavia decide com a autoridade de um chefe e de um juiz: «Tu deves; tu tens razão; não tiveste razão».

Os filósofos tentaram atribuir a origem desta voz à influência das leis civis, dos usos nacionais, da educação ou das predisposições hereditárias. Tais observações são aceitáveis na medida em que essas diversas causas explicam a variabilidade das ideias morais. Por isso, enquanto em algumas tribos é louvável matar os pais idosos para lhes poupar os achaques da velhice, nós os rodeamos dos mais desvelados carinhos. Não há acordo universal sobre o que são o bem e o mal. «Verdade do lado de cá dos Pireneus, erro do lado de lá. Estranha justiça delimitada por um ribeiro!», escrevia Pascal.

Sim, mas essas observações nada nos dizem sobre a origem da própria consciência. Fixar o que está bem ou mal não é obra sua (é obra da razão, embora os sentimentos também intervenham). A função própria da consciência exerce-se independentemente dos erros, sempre possíveis; manifesta-se por uma ordem interior: *Tu deves* fazer aquilo que a tua razão indica como sendo o bem». Esta ordem está gravada na nossa natureza por Aquele que é o seu autor. Nós, cristãos, sabemos, pois, que a voz da consciência é a própria voz do Espírito de Deus, que age no nosso interior.

O fato de haver consciências mal formadas, escrupulosas ou laxas, é uma questão conexa mas diferente, e nada prova contra a existência desta «voz» divina no seu estado puro. «Virá um tempo, dizia Cristo aos seus Apóstolos, em que todo aquele que vos matar julgará prestar um serviço a Deus» (Jo 16, 2). Os equívocos dos homens, quando se trata de fixar o bem e o mal, provêm dos seus preconceitos ou da sua ignorância. Daqui se conclui apenas que, tal como a inteligência que procura a verdade, a consciência dos homens deve ser «esclarecida» sobre a noção do bem. São Paulo, combatendo os seus detratores, declarava orgulhosamente: «A minha consciência de nada me acusa», mas, a seguir, fazia a seguinte reserva, não menos digna de admiração: «mas nem por isso me dou por justificado, porque não me julgo a mim mesmo: o meu juiz é o Senhor» (1 Cor 4, 3-4).

A superioridade do cristão reside precisamente no fato de que pode obedecer à sua consciência sem temeridade nem hesitação, porque confronta os seus imperativos com a doutrina do Evangelho. «Que é a consciência?, escrevia d'Hulst. É a regra do bem dentro de nós. Que é Cristo? É a regra do bem fora de nós. E estas duas regras são afinal uma só».

Antes de mais nada, importa tranquilizar os cristãos que se atormentam sem motivo. Uma consciência reta não é uma consciência sem culpas. Pelo contrário, a consciência é tanto mais pura quanto mais impurezas descobre; a sua delicadeza mede-se pela sua exigência e severidade. «Como é que o homem pode ser justo diante de Deus, se nem as estrelas são puras aos seus olhos?», perguntava um dos amigos de Jó (25, 5). Ninguém que medite assiduamente o Evangelho pode avaliar sem uma dor profunda a distância que o separa do ideal que pretende atingir. Certas imperfeições, já o dissemos, aliam-se infelizmente a uma vontade sincera de seguir o bem. Desta contradição nascem os remorsos, que estimulam os nossos progressos. O mal consistiria na aceitação refletida do pecado.

A «pureza de coração», que Cristo elevou a lei, é essencialmente uma adesão incondicional ao bem, uma vontade, se nem sempre realizada, pelo menos firmemente decidida, de não *dividir o* coração entre o bem e o mal. Que o cristão procure a integridade rigorosa da conduta, e esta

CONSCIÊNCIAS RETAS

fidelidade sempre renovada lhe poupará sem dúvida muitas faltas e desvios, e ao mesmo tempo lhe revelará que ainda é possível ir mais longe na imitação de Jesus Cristo. Enquanto a nossa consciência conservar esta retidão, poderemos, conforme escreve São João, «tranquilizar o nosso coração quando nos condena, porque Deus é maior que o nosso coração e conhece todas as coisas» (1 Jo 3, 20). Deus sabe o que nós não sabemos. Onde nos acusamos de um pecado, Ele vê que fomos vítimas de um erro ou de uma surpresa. Julga-nos segundo as nossas intenções e a sinceridade do nosso amor.

Não é inútil, porém, acautelarmo-nos contra o excesso oposto, pois a consciência reta não é necessariamente uma consciência tranquila. Quando já não protesta, é talvez porque está amordaçada ou pelo menos adormecida. Mas à parte esta hipótese, não é de estranhar que, na atual confusão de ideias morais, a consciência de um cristão sofra a ação latente daquelas máximas fáceis que fazem recuar os limites do nosso dever para os submeter às imposições dos nossos desejos. A consciência é um órgão de tal forma flexível que basta um nada para torcê-lo. «Deus fez o homem reto, diz um sábio de Israel, mas o homem procura uma infinidade de curvas» (Ecl 7, 30).

Temos de cuidar da *educação* da nossa consciência e, consequentemente, precisamos ter muito em conta as opiniões desinteressadas que os outros nos formulam, e chegar mesmo, em caso de dúvida, a consultar árbitros qualificados; muitas vezes pode acontecer que essas opiniões nos libertem de peias que tínhamos forjado numa interpretação demasiado legalista. Mas uma coisa é ser aliviado do peso de uma consciência escrupulosa pelo conselho de pessoas isentas, e outra, totalmente diferente, libertar-se por iniciativa própria de obrigações respeitadas até então. Há pessoas que dizem: sobre este assunto já tenho a consciência formada. Esta fórmula não equivalerá por vezes a afirmar que formamos uma consciência menos exigente? Neste caso, formar a consciência seria o mesmo que deformá-la.

Desprezemos os diálogos interiores que têm por fim arrancar-nos uma concessão. «No meu caso particular – dizemos –, não se tratará de uma exceção à lei?» Pode ser, mas compete ao legislador decidi-lo, e em primeiro lugar ao espírito de Deus, que está em nós. Muitas vezes acalmamos um rebate da consciência com esta afirmação: «Não fiz nada de mau». Está certo, mas semelhante reflexão é indício de que não fizemos tudo completamente bem. Não teríamos necessidade de nos defendermos, se uma voz não nos acusasse. Procuramos paz para a nossa consciência, e isso é sinal certo de que não estamos inteiramente em paz.

Para conservarmos a retidão da nossa consciência, importa não começarmos por olhar para nós mesmos, pois toda a preocupação subjetiva leva a fazer concessões em relação à lei, a alterar a verdade e a sofismar os verdadeiros deveres.

Quando discutimos uma obrigação, preparamo-nos para não a executar. «Puros de coração» são aqueles que «veem a Deus» e que procuram em primeiro lugar conhecer a vontade divina. Para esses, a preocupação com os casos de exceção, com os benefícios da lei, torna-se secundária. A vontade de Deus reconhece-se por estes três sinais: primeiro, nunca contraria a razão; segundo, o seu

CONSCIÊNCIAS RETAS

cumprimento apresenta-se-nos difícil; terceiro, é atualmente realizável. Ignoramos o que Deus nos pedirá amanhã; basta-nos saber o que quer de nós hoje. Conhecendo a sua vontade, temos apenas de suprimir os *se*, os *mas*, e substituí-los por esta palavra: *sim*. Um *sim* imediato, espontâneo e alegre.

Felizes os corações isentos de toda a duplicidade! Apreciamos bastante a felicidade de sermos cristãos? Então possuímos o espírito de Jesus Cristo, que se nos manifesta exteriormente pela Palavra de Deus, sempre viva na Igreja, e interiormente pela luz com que ilumina a nossa consciência.

Mantenhamos esta voz interior na sua retidão. A consciência dos cristãos é o único farol que continua a brilhar por sobre a confusão de doutrinas em que se debatem os espíritos do nosso tempo. O cristão é um ser profundamente original no seu meio-ambiente, onde as palavras dever, bem e mal são termos que carecem de sentido. Na realidade, o cristão conserva as únicas forças que hão de impedir o naufrágio da humanidade.

O socorro que trazemos ao mundo é ao mesmo tempo a causa mais certa da nossa felicidade. São bem verdadeiras estas palavras de Félix Bovet: «Há prazeres para os sentidos; há alegrias para o coração; a felicidade é só para a consciência».

Caracteres íntegros

Uma inteligência ávida de verdade e uma consciência delicada, esclarecida pelo Evangelho, facilitam ao cristão a contemplação de Deus. Mas, para não desistir do caminho que empreendeu, o cristão deve ainda dar provas de um *caráter íntegro*. O conjunto destas três disposições constitui a «pureza de coração» da sexta Bem-aventurança.

Entre os antigos, a palavra «caráter» começou por designar o artista que gravava; depois, o instrumento do gravador; e, finalmente, a própria gravura, sinal ou letra. É neste último sentido que ainda hoje falamos em caracteres tipográficos.

Aplicado a uma pessoa, o caráter é o sinal distintivo pelo qual ela se reconhece na sua maneira de ser. Como cada um de nós possui a sua fisionomia moral própria, é correto dizer que todos os homens *têm* um caráter particular. Mas nem todas as pessoas *são* um caráter. Nesta expressão, «ser um caráter» ou «ter caráter», a palavra tem um significado novo, que é precisamente o que agora nos vai ocupar. Aqui, indica a força de alma que torna um ser humano capaz de tomar uma decisão, de se governar a si próprio, graças sem dúvida ao autodomínio de que já falamos, mas também, e principalmente, à independência que manifesta em relação às influências exteriores. Neste aspecto, um indivíduo sem caráter será cera mole, que qualquer pessoa molda a seu gosto; e um homem de caráter, aquele que imprime o seu cunho em tudo quanto toca.

Cristão verdadeiro é aquele que assina «cristão» em todas as circunstâncias. É o *homem de palavra*; vai até o fim nas suas convicções, sem tolerar soluções de compromisso. Suas atitudes, decisões, tentativas, revelam-no, «caracterizam-no» como cristão. Mencionamos atrás o drama que é termos uma parte de responsabilidade no pecado das coletividades a que pertencemos. Não nos resta outra saída senão suportar o que não podemos evitar, e o nosso único recurso é fazer ouvir um protesto infelizmente ineficaz, pelo menos de momento. Fora deste caso, sempre que o cristão puder fazer uso da sua liberdade, deve manifestar uma absoluta firmeza de caráter.

Salta à vista o nexo que existe entre a consciência e o caráter. Um homem de caráter é, evidentemente, uma pessoa conscienciosa. Mas pode haver pessoas que, sem quererem diretamente transgredir as indicações da consciência, adiem o seu cumprimento, sirvam-se de rodeios ou abstenham-se de agir. Possuem uma consciência reta, talvez delicada: mas não têm caráter.

Geralmente, estas pessoas procuram justificar as suas hesitações ou abstenções considerando que são exigidas pela tática. Pensam que na vida social é necessário adotar, em certa medida, os costumes do meio em que vivem. Por que hão de salientar-se, se estão convencidas de que o

CARACTERES ÍNTEGROS 175

seu exemplo não será seguido? Será sempre oportuno dar a impressão de que desprezam a opinião geral?

Voltaremos a falar do que pode haver de verdade nestas observações. Mas primeiro temos de compreender que, se os Apóstolos do Senhor tivessem pensado dessa maneira, o cristianismo teria morrido logo à nascença. Mas Cristo pediu por eles: «Pai, não te peço que os tires do mundo – de um mundo ignorante e cruel, que apenas acredita no dinheiro e na força –, mas que os guardes do mal» (Jo 17, 15). E os doze partiram à conquista deste mundo pagão, brutal e que quer gozar. Implantaram nele o Evangelho, porque, sem provocar ninguém, não capitularam diante de ninguém.

Esta mesma integridade de caráter deve ser cultivada por todos os discípulos de Cristo. Ela esbarra com o que hoje se chama conformismo, esse hábito que leva a pautar a conduta pelas ideias ou exemplos da maioria. Este defeito existiu sempre, e apenas é mais sensível na nossa época, que desenvolveu ao mesmo tempo o espírito de carneiro e os meios de propaganda. Hoje se espalham as opiniões e se impõem os costumes da mesma forma que se difundem os produtos alimentícios ou uma marca de sabonete. Hoje tudo se fabrica em série. Os habitantes do planeta não tendem apenas a compor a mesma silhueta numa roupa de corte idêntico; a uniformidade não é menos rigorosa no domínio do pensamento. Os cérebros são fundidos em determinados moldes, para uso das diferentes coletividades que agrupam os nossos contemporâneos. Afirmações constantemente repetidas são consideradas motivo suficiente para fixar verdades; o entusiasmo destronou a reflexão. Nesta formação universal de brigadas, cada unidade pensa o que pensa o seu grupo, diz o que ouve dizer, faz o que fazem «os outros». Facilmente compreendemos que é preciso desenvolver uma audácia singular para nos libertarmos de ideias feitas e lutar contra a rotina.

No extremo contrário, São Paulo exortava os cristãos de Roma a não se conformarem com as máximas e os usos de um mundo efêmero e instável; mas que *se* transformassem sob a ação renovadora do Espírito de Deus (Rom 12, 2), o que exige, não o negamos, uma verdadeira coragem. As discussões já não se travam no plano da distinção entre o bem e o mal, mas no da ação, para averiguar, em casos concretos, se a prudência não aconselha uma certa suavização do que seria teoricamente o nosso dever.

Pergunta-se, por exemplo: «Não é preciso viver de acordo com a época?» Certamente, e até convém servir-se do que ela tiver de bom; porém, quanto aos seus erros, o cristão tem justamente por missão esclarecer os homens do seu tempo.

«Mas, no próprio interesse da religião, os cristãos não devem ser homens de ideias mais abertas?» As ideias nem são mais abertas nem menos abertas; são verdadeiras ou falsas. Devemos ter um coração grande, acolher de braços abertos todas as boas vontades, e ser compreensivos com todas as sinceridades; mas um espírito aberto que significasse mascarar ou repudiar as próprias convicções, longe de favorecer a verdade religiosa, desnaturá-la-ia: não conseguiríamos para ela nem mais uma adesão; apenas perderíamos a nossa dignidade.

«Não se pode aceitar um mal menor para evitar o pior?» Ilusão. O mal conduz fatalmente ao pior. Uma primeira capitulação nos desarmaria perante as que inevitavelmente se haviam de apresentar a seguir.

CARACTERES ÍNTEGROS

«Trata-se de uma circunstância excepcional. Uma vez não são vezes!» O hábito começa por uma primeira vez, e só a primeira é que custa, tanto na prática do bem como na do mal.

«Saberei parar a tempo». Para não resvalar até ao fundo de uma encosta, o mais seguro ainda é não pôr lá o pé.

«Mas não será um prejuízo maior isolar-me do meu ambiente?» Não é o número que determina a verdade. Além disso, um cristão nunca está só; Cristo está com ele. E, muitas vezes, o seu exemplo, que a princípio despertava críticas e risos, acaba por triunfar neste e naquele espírito, nos que se deixaram convencer pela sua atitude corajosa e leal.

Não há cristão que não tenha experimentado o mal--estar destes diálogos interiores, por vezes angustiosos, porque nem sempre o seu mecanismo é o de um simples problema de dignidade ou de prestígio, mas uma questão de interesse: uma promoção ou um benefício profissional; a oportunidade aproveitada ou sacrificada de obter uma situação familiar mais desafogada. É, porém, nestas lutas entre uma consciência perspicaz e uma vontade incerta que todo o homem de bem forma o seu caráter. O cristão nunca tem fé suficiente para se resolver a aceitar o sacrifício com que pagará a sua independência.

São Tiago aplica um epíteto magnífico à lei do Evangelho: «lei perfeita, lei da liberdade, lei da libertação» (1, 25). A verdadeira liberdade não consiste em satisfazer os caprichos pessoais; em substituir o dever por um interesse; mas em nos mantermos na dependência das leis divinas, para nos tornarmos independentes das nossas paixões e também da tirania das opiniões e simpatias dos outros.

Mas a firmeza de caráter deve tomar em consideração as realidades; já demos a entender que ela não exclui a prudência na ação. Recorrendo a comparações muito chãs, muito do agrado da imaginação oriental, Cristo recomendava aos seus discípulos que imitassem a simplicidade da pomba – isto é, a retidão e confiança –, mas também a prudência da serpente – isto é, a sabedoria, a vigilância, a própria habilidade –, desde que não fosse dissimulação ou ardil. O cristão conduz a barca guiando-se pelas estrelas; mas deve ter o cuidado de evitar os rochedos.

Digamos em termos menos metafóricos que o caráter íntegro não é um caráter inflexível, que se fecha na sua maneira de ver e se recusa a proceder a qualquer outra avaliação. Agir com oportunidade não é ceder ao oportunismo. Claro que não há problema quando o cristão tem de escolher entre o dever e o pecado, entre o bem e o mal. Mas também pode acontecer que os termos do dilema sejam dois deveres antagônicos e de gravidade desigual, ou o bem total e uma aproximação do bem. O ótimo, diz o provérbio, é por vezes inimigo do bom. Por isso, a não ser que esteja de permeio um dever de estado, o discípulo de Jesus Cristo não deve exigir dos outros o que a sua consciência lhe impõe a título pessoal.

Vemos aparecer aqui o primado da caridade. A mesma razão poderá sugerir a um cristão – sem que com isso se atraiçoe – que colabore em atividades boas, sem dúvida, mas que estão aquém do ideal cristão. Por outro lado, se em algum caso lhe é impossível agir imediatamente como a consciência lhe aconselha, poderá contemporizar e esperar que uma ocasião mais oportuna e humanamente provável lhe permita fazê-lo. Poderíamos citar outros casos

CARACTERES ÍNTEGROS

em que nos teríamos de contentar com um bem menor. Mas a condição é absoluta: é preciso que a razão desta demora seja completamente desinteressada e que o cristão se deixe guiar somente pelo amor de Deus e dos seus semelhantes. Desde que procure sempre realizar o maior bem imediatamente possível, procede como cristão.

Este princípio é normalmente suficiente para resolver os casos particulares. Enquanto o espírito conformista insiste em pensar e comportar-se «como os outros», a vocação do cristão obriga-o a viver «para os outros». Se pretendêssemos agir como os outros, depressa perderíamos a retidão da nossa consciência e a integridade do nosso caráter.

Evitaremos este duplo perigo imitando a conduta do Mestre. Cristo, quando veio ao mundo, não lhe pediu nada; deu-lhe aquilo que o mundo não possuía. Seguindo o seu exemplo, o cristão conservar-se-á «puro de coração» no meio de um mundo pecador se não lhe pedir nada, mas, pelo contrário, procurar dar-lhe a luz, a força e a paz que recebe na sua intimidade com Deus.

SÉTIMA BEM-AVENTURANÇA

Os pacificadores

Bem-aventurados os pacíficos, porque serão chamados filhos de Deus. Eis-nos no ponto culminante da doutrina das Bem-aventuranças. O título «filhos de Deus» que o Mestre concede aos seus discípulos contém e ultrapassa as promessas ligadas às Bem-aventuranças precedentes. O Antigo Testamento atribuíra-o a personagens cujas funções levava a considerá-los como delegados de Deus: os magistrados, os juízes, o rei de Israel e, particularmente, o futuro Messias. Mas, segundo o pensamento de Cristo, esta denominação não devia ser puramente honorífica: Ele revelaria um dia aos fiéis do seu reino a extraordinária realidade que essa expressão designava: Deus faria daqueles homens seus filhos adotivos. «Considerai, escrevia São João, que amor o Pai nos testemunha em querer que sejamos chamados filhos de Deus, e que de fato o sejamos» (1 Jo 3, 1). O mesmo Apóstolo diz também no seu Evangelho: «A todos os que o receberam e que creem no seu nome, o Verbo encarnado deu-lhes o poder de se tornarem filhos de Deus» (1, 12).

É compreensível que, com o sentimento da nossa indignidade natural, não ousemos invocar correntemente este título. No entanto, ele é sinônimo de cristão. Quando as vozes do céu se dirigiam a Joana d'Arc, não a chamavam de outra maneira: «Vai, *filha de Deus*, vai».

A sétima Bem-aventurança é uma espécie de ponte de passagem entre o Sermão da Montanha e os colóquios da Última Ceia. Saberemos então que o Pai é o vinhateiro, Cristo a verdadeira vide e os seus discípulos os ramos. Uma mesma seiva divina circula nEle e em nós. «Que eu esteja neles, e tu em mim, para que sejam consumados na unidade, e para que o mundo conheça que tu me enviaste e que os amaste, como me amaste também a mim» (Jo 17, 23). Importa destacar o que caracteriza a nossa qualidade de filhos de Deus, isto é, a unidade de vida que liga o cristão simultaneamente a Deus e aos seus irmãos. Nada deve quebrar ou sequer perturbar esta união espiritual baseada no amor e que tem como condição necessária a paz do homem com Deus e a harmonia entre os homens. Por isso, quando Deus promulga a carta do seu reino, associa o nosso novo título de «filhos de Deus» à missão de que nos incumbiu.

Beati pacifici. Traduz-se mais vulgarmente por: «Bem-aventurados os pacíficos», o que é correto; mas o uso desviou este adjetivo do seu significado etimológico, para torná-lo sinônimo de amigo da paz. Cristo, porém, espera muito mais de nós. Os temperamentos calmos e amigos da ordem, que não provocam discussões com ninguém, mostram estar dotados de um temperamento tranquilo. Que isso lhes faça proveito, mas aqui trata-se de uma virtude e não de uma simples disposição natural. Além disso, o Evangelho não pode acolher de maneira nenhuma aquelas pessoas que, para viverem em paz, se submetem a tudo. «*Ter paz*, escrevia Péguy, é a grande frase de todas as

OS PACIFICADORES   183

apatias políticas e intelectuais». No texto grego, os titulares da nossa Bem-aventurança são antes os pacificadores, os que apaziguam os conflitos, e são-no ainda melhor os que impedem que eles surjam, os que procuram a paz e a fazem reinar à sua volta.

O pensamento exato de Cristo a este respeito deduz-se da aproximação de duas palavras suas, entre as quais, por falta de reflexão, alguns leitores julgam por vezes descobrir uma contradição que não existe. Já tivemos ocasião de citar a primeira, que Cristo pronunciou ao despedir-se dos seus: «Deixo-vos a paz, dou-vos a minha paz» (Jo 14, 27). A outra é a que dirigiu aos seus discípulos, a certa altura da sua pregação: «Não julgueis que vim trazer a paz à terra; não vim trazer a paz, mas a espada» (Mt 10, 34). Se o Senhor tivesse dito: «Não vim trazer a paz, mas a guerra», teríamos na verdade uma contradição entre as duas afirmações; mas, na segunda expressão, os termos que Cristo opõe são a paz e a espada, ou, como se lê na passagem paralela de Lucas, a «separação» (Lc 12, 51).

O Messias, príncipe da paz, previne-nos de que a sua mensagem não transformará instantaneamente o mundo num reino idílico, em que os homens terão apenas de consentir em viver, correndo dias uniformemente felizes. O Evangelho não é um conto de fadas, e não poderia servir de pretexto para a nossa preguiça. Como todos os bens presentes, a *paz* que Cristo nos prometeu e que efetivamente nos *dá*, exige a nossa cooperação para ser verdadeiramente nossa. Exige esforço da nossa parte; mais do que isso, exige decisões que doem à natureza e que o Mestre evoca sob a imagem de uma *espada*. Poderia conceber-se que o cristão estivesse em paz com Deus, sem se privar das vantagens passageiras do pecado? E em paz com os seus semelhantes, sem sacrificar o seu amor próprio?

As Bem-aventuranças anteriores puseram-nos a espada na mão para cortarmos pela raiz as paixões humanas. Se nos libertarmos dos laços do dinheiro e do orgulho; se nos imunizarmos contra a dor; se nos arrancarmos à mediocridade, à dureza e à duplicidade, então a paz de Cristo poderá expandir-se em nós e brilhar à nossa volta.

A pacificação que o cristão deve realizar não consiste em querer a todo o custo desempenhar o papel de juiz ou de árbitro. O cristão é pacificador como é apóstolo, espontaneamente, sem preparativos, sem cálculos, espalhando, muitas vezes sem o saber, a paz que nele é fruto da presença do Espírito Santo.

O cristão em paz com Deus «não se espanta nem se perturba» com nada, porque vive plenamente abandonado à vontade divina. Faz o que Deus quer e quer o que Deus faz. Pode cantar com o salmista:

> O Senhor é meu pastor, nada me faltará.
> Faz-me repousar em verdes prados.
> Conduz-me ao longo de águas tranquilas.
> Ali restaura a minha alma.
> Guia-me por caminhos sempre seguros.
> Ainda que eu atravesse o vale da sombra,
> não temerei mal nenhum, pois tu estás comigo.
>
> (SI 22)

E como esta serenidade confiante não é fictícia, ela inspira o comportamento do cristão nas relações com o seu próximo.

OS PACIFICADORES

«Dou-vos a minha paz», disse Cristo. E esclareceu: «Não a dou como a dá o mundo». Esta é comprada pelo preço das resignações tímidas ou de compromissos hábeis; a paz que Cristo dá aos seus discípulos é uma vontade de concórdia, oposta ao espírito de discórdia. Não ignora as situações delicadas, não se poupa aos choques e atritos. Em toda a parte em que os homens se reúnem, é fatal levantarem-se dificuldades entre eles. O cristão pacífico não hesita em assumir a defesa da verdade e da justiça; mas evita ou resolve os conflitos graças ao seu equilíbrio interior, à sua retidão amiga das situações claras, à sua calma que domina o ímpeto das paixões.

Contrariamente ao homem apaixonado que, como diz o autor da *Imitação*, mistura tudo e converte o próprio bem em mal, o homem pacífico orienta todas as coisas para o bem (Livro II, 3). Não evita a troca de impressões, mas evita a disputa. Sabe agitar uma questão sem se agitar a si próprio. Antes de analisar o que o separa de certa pessoa, examina o que os une. Não tem a pretensão tola de unificar todos os espíritos, mas procura tudo o que pode reunir os homens, apesar das divergências de pensamento.

No plano ideológico, estamos divididos em grupos diferentes: religiões ou filosofias, partidos políticos, classes sociais, clãs literários ou artísticos. Seria inútil negar que as ideias dividem os homens, embora todos, obedecendo à mesma preocupação de distinguir a verdade, se assemelhem precisamente nisso. O que os opõe uns aos outros são menos as ideias que os sentimentos que elas despertam, de ordem passional. O que os opõe uns aos outros em rivalidades impiedosas são sobretudo os interesses contrários, que se escondem sutilmente por trás de determinada maneira de pensar. Se todos fôssemos desinteressados, as nossas preferências intelectuais continuariam a separar-nos, mas não dariam lugar a inimizades.

Acabamos de delimitar o campo de ação do cristão pacificador. A paz que ele deve estabelecer entre os seus irmãos não é uma ordem de comando, que depressa se tornaria monótona, mas a harmonia entre os espíritos de igual boa-vontade. À parte o objeto da revelação divina, que diz respeito ao problema especial da fé, não serão realmente fragmentárias as verdades humanas e, embora opondo-se, não estarão destinadas a completar-se? Num relógio, a mola e o pêndulo opõem-se constantemente, mas é esta mesma oposição que assegura a pontualidade do mecanismo. Do mesmo modo, se a diversidade de opiniões põe de relevo os diferentes aspectos de uma verdade, não é para nos dar o prazer fácil de exagerar o que as separa. Um espírito pacífico esforça-se por coordenar as opiniões segundo um ponto de vista que facilita o acordo. Para se amarem, terão os homens de esperar até pensarem o mesmo sobre todas as coisas? Comecem por amar-se, e poderão depois ter opiniões diferentes, sem que com isso perigue a mútua estima.

Como a hostilidade entre os homens provém, frequentemente, de fatores psicológicos ou de questões de interesses, o cristão, perante um conflito temporal, deve deixar-se guiar unicamente pela preocupação de retidão, e com isso lhe será possível purificar imediatamente os corações.

A paz não pode existir fora da justiça, mas quando estão já salvaguardados os direitos de cada um, a causa das desgraças que os homens infligem uns aos outros deve ser procurada, geralmente, nos mal-entendidos. A malícia pensada é mais rara; as disputas são muitas vezes ocasionadas por uma incompreensão recíproca, pela leviandade das opiniões, pela precipitação das palavras. Bem-aventurados os pacificadores, que fazem transpor barreiras, que acalmam as irritações, que dissipam os azedumes, que reconciliam pessoas que muitas vezes já nem sabem por que estão desunidas.

Falta dizer se, nesta situação complexa em que o mundo se debate, os cristãos podem cooperar na paz geral. Mas para isso devemos começar por saber em que consiste o espírito pacífico e saber também que, para um cristão, esse espírito não é uma atitude, mas a projeção da paz interior que o une a Deus e aos seus semelhantes. Segundo todas as probabilidades, as nossas tentativas de pacificação hão de falhar e valer-nos até mais alguns inimigos. Mas, como somos cristãos, ninguém, por muito mau que seja, pode impedir que o amemos.

Jesus Cristo garantiu aos seus. Apóstolos: «Se os homens recusarem a paz que lhes trazeis, a vossa paz tornará para vós» (Mt 10, 13). Podemos neste caso repetir a oração de Racine:

> Meu Deus, quem pode perturbar a paz
> de um coração que te ama?
> Em tudo busca a tua vontade suprema
> e jamais se procura a si próprio.
> Na terra e mesmo no céu,
> haverá felicidade diferente da paz tranquila
> de um coração que te ama?

O Evangelho da Paz

«Se é possível, na medida em que depende de vós, tende paz com todos os homens» (Rom 11, 18).

São Paulo, exortando os fiéis de Roma a mostrar-se pacíficos, não lhes promete que as suas tentativas amigáveis hão de ser retribuídas na mesma moeda. «Se é possível, na medida em que depende de vós». Para uma pessoa viver em paz com outra, é preciso que ambas o queiram. E o Apóstolo apenas tem em vista aqui as relações habituais da vida. Que será, em se tratando de manter a paz pública, quer entre cidadãos da mesma pátria, quer entre os diferentes povos da terra? Mas os receios, as próprias probabilidades de um desaire não dispensam o cristão de tentar tudo, de se atrever a tudo, para fazer reinar a paz no mundo. E só com esta condição é que merecerá *ser chamado filho de Deus*.

Não há problema mais atual, de que mais se fale, que suscite as mais diversas correntes de opinião, que o da paz mundial, pelo menos no seu aspecto negativo, que é o da supressão das guerras. É difícil conceber que haja algum

Estado que deseje seriamente a guerra. Mas todos receiam que ela lhes seja imposta. Assistimos mais uma vez à perigosa corrida aos armamentos e pensamos, inconscientemente, nesta reflexão de Gratry, feita há quase um século: «Marte está sempre de pé, armado, sorridente e glorioso, no meio de uma nuvem de incenso; sempre pletórico de vítimas, carregado de ouro, atulhado de ouro. É para ele a metade dos impostos em todas as nações. Mas hoje em dia propõem-se dar-lhe tudo. Por este preço manterá a guerra com o estrangeiro e a guerra civil, o despotismo e a revolução, a decomposição social e o enfraquecimento dos espíritos e dos corações». Sem negar o que estas linhas contêm de excessivo, temos de reconhecer que elas não são completamente inaplicáveis à nossa época.

Quer queiramos quer não, é preciso admitir a falsidade dos cálculos maquiavélicos que se recusam a tomar em consideração a palavra de Cristo: «Todos aqueles que se servem da espada morrerão pela espada». Os elementos honestos da nossa raça – e são numerosos, graças a Deus – são forçados a prestar homenagem à lei cristã da fraternidade, perante a qual não há nem inimigos nem estrangeiros.

O espírito do Evangelho encontrou, aliás, uma aliada indireta nas descobertas científicas, que aumentaram a força destruidora dos engenhos de guerra. É preciso, de hoje em diante, renunciar a falar das «leis de guerra»: esta fórmula pertence a épocas passadas. Agora, não se trata mais de humanizar a guerra, mas de aboli-la. A guerra já não conhece leis; é ela própria que a consciência declara fora da lei.

No dia 1 de agosto de 1917, o Papa Bento XV dirigia-se aos chefes dos povos beligerantes para lhes pedir que

O EVANGELHO DA PAZ 191

pusessem termo a um massacre inútil, e suplicava-lhes que se entendessem para que à força material das armas se substituísse a força moral do direito, e se chegasse à diminuição simultânea e recíproca dos armamentos e à instituição da arbitragem obrigatória. Sabemos que este apelo não foi ouvido e que esta recusa nos valeu uma segunda guerra mundial. Porventura os diferentes movimentos de opinião que nos nossos dias se manifestam a favor da paz conseguirão mais junto dos governos que dispõem do destino dos povos? Queremos crer que sim. Enquanto os homens forem capazes de resistir ao pecado, a guerra será sempre *possível*, mas também sempre *evitável*.

Não basta amaldiçoar este «crime monstruoso», como lhe chamava Pio XI, nem acumular protestos e assinaturas para esconjurar o seu espectro. O único meio eficaz de afastá-lo está numa organização efetiva da paz, que não poderá realizar-se numa atmosfera de desconfiança, nem por meios de intimidação, que são ainda métodos de guerra.

Condenar a guerra em termos radicais é apenas uma demonstração oratória, fértil em ilusões, se ao mesmo tempo a vontade corajosa dos homens não se dedicar a suprimir, concretamente, os motivos de desacordo que podem gerar um conflito armado. Este é o aspecto positivo do problema da paz, para o qual todos os cristãos têm que dar o auxílio da sua convicção, da sua ação e da sua oração.

Pelos fins do século XVI, um bispo espanhol, São Leandro, exclamava num concilio realizado em Toledo: «Santa Igreja de Deus, alegra-te! Sabendo quanto a caridade é bondosa e a unidade agradável, pregas a aliança das nações, suspiras unicamente pela união dos povos. O orgulho dividiu as raças; a caridade tem que uni-las. Como o possuidor do universo é só Deus, as nações que lhe pertencem devem também aliar-se nesta unidade».

A unidade do mundo é um objetivo que se enquadra na missão temporal de Cristo, o qual, ao reconciliar os homens com Deus, quis para todo o sempre estabelecer a unidade do gênero humano. «Ele devia morrer não somente pela sua nação, escreve São João, mas também para unir num só corpo os filhos de Deus que estavam dispersos pelo mundo» (Jo 11, 52). A mesma lei da caridade que determina as relações entre os indivíduos deve reger as relações entre os povos. Nos dois casos se exige por igual a *justiça*, que respeita os direitos dos outros e as obrigações estabelecidas por contrato; bem como a *bondade*, que obriga uns e outros a permutar os bens de que tiverem respectivamente necessidade. Será pura quimera pensar que estes princípios elementares do Evangelho podem passar a fatos?

Façamos a pergunta em outros termos: será normal que, no estado atual do mundo, populações inteiras morram de fome ou estejam subalimentadas? Poderá surpreender-nos que os habitantes de um país pobre invejem o bem-estar que outra nação deve à fertilidade da terra e aos recursos do subsolo que ocupa? Nestas apetências, quantos pretextos para uma guerra de conquista! A necessidade do auxílio mútuo leva indubitavelmente os povos a um movimento de trocas comerciais; mas estas transações efetuam-se unicamente em proveito de um pequeno número de privilegiados, que se apropriaram do domínio econômico do universo guiados principalmente pelo espírito de concorrência. Às fronteiras que separam as terras, sobre-

O EVANGELHO DA PAZ

póem-se as fronteiras sociais, por detrás das quais se fomentam as lutas de classes. As guerras militares são uma consequência necessária das guerras econômicas. Há mais de três quartos de século que os Soberanos Pontífices não cessam de o dizer: «De nada servirá clamar pela paz, se não lutarmos por fazer desaparecer a miséria».

Onde está o amor ao próximo, se não tende a *aproximar* os cidadãos numa verdadeira comunidade nacional, e os povos numa grande comunidade humana? E como aproximá-los, se não por uma divisão justa e amigável das riquezas naturais e dos benefícios culturais? A paz social e a paz internacional, assim como a paz na família e entre os vizinhos, são constantemente minadas por estes dois instintos funestos: a avareza e a inveja. Paz alguma será possível se não se puser termo ao duelo feroz entre o meu e o teu.

O problema da paz pública exige, certamente, uma transformação das estruturas políticas, econômicas e sociais; exige a procura e aplicação de soluções técnicas, reservadas a competências autorizadas; mas, em primeiro lugar, está o *problema moral*. Este clima de moralidade deve ser criado e mantido por todos os homens de boa-vontade, por todos aqueles que creem na existência do bem e do mal, por todos aqueles que pensam que o mais elevado mérito do homem é a bondade. Cristãos, o nosso lugar é entre eles; nós que sabemos o que muitos ignoram: que a suprema solução do problema moral da paz é uma solução religiosa.

Cristo não nos *prometeu* a paz, num prazo mais ou menos longo; *deu-nos a paz*. A paz que nos deixou – a sua paz – é a paz com Deus, que envolve a nossa submissão à sua vontade. Nós desejamos não ofender ninguém e aprovamos aqueles que desejam o bem. Mas não podemos deixar de dizer: o verdadeiro obstáculo para a paz tem o nome de pecado. Quando os homens obedecem à lei da caridade que os põe em estado de paz com Deus, por esse simples fato vivem em paz uns com os outros.

Para que serve enunciar uma condição irrealizável?, dir-nos-ão. Não habitamos uma terra de santos. O que equivale a dizer que a paz não passa de uma miragem. Mas essa crítica está mal feita: a paz é uma esperança e uma conquista.

Nós, cristãos, devemos abandonar-nos à vontade de Deus com uma confiança total, em vez de fazermos prognósticos incertos sobre o resultado da crise que o mundo atravessa presentemente. É em Deus que devemos pôr toda a nossa esperança, repetindo com fé esta prece litúrgica: «Filho de Deus, que tirais os pecados do mundo, dai-nos a paz». Mas atraiçoaríamos a nossa vocação se nos recusássemos a ser os operários infatigáveis do Evangelho. O Senhor mandou-nos amar a todos os nossos irmãos e encarregou-nos de espalhar sempre, e por toda a parte, a caridade pura e desinteressada que pode unir os homens. Bem-aventurados os que se consagrarem a fazer reinar a paz: nesses homens, Deus reconhece os seus filhos.

OITAVA BEM-AVENTURANÇA

O destino do Evangelho

Cristo expôs as condições em que os homens reconciliados com Deus terão acesso ao seu reino. A «justiça» que Ele espera dos seus discípulos exige, em troca das graças que lhes promete, uma grande força de vontade e uma luta constante contra a tendência para o pecado. Mas o Mestre é muitíssimo leal para não os advertir, logo desde o início, de que estarão cada vez mais expostos às mais severas contradições. Antes de os associar à sua missão, pergunta-lhes se estão dispostos a suportar tudo da parte dos homens a quem levarão a sua mensagem.

Se consentirem em sofrer pela justiça, pelo Evangelho, pela causa do seu Nome, então o reino de Deus será deles. A oitava Bem-aventurança enuncia esta última cláusula: *Bem-aventurados os que forem perseguidos por amor da justiça, porque deles é o reino dos céus.* Parece que Cristo surpreendeu neste momento, no olhar dos seus ouvintes, certos sinais de admiração, porque passa ao estilo direto e desenvolve a sua fórmula lembrando-lhes a história de Israel: «Sereis bem-aventurados quando vos ultrajarem, quando vos perseguirem e vos acusarem falsamente de todos os males por minha causa. Alegrai-vos e regozijai-vos então, pois é grande a vossa recompensa nos céus. Foi assim, em verdade, que perseguiram os profetas que vieram antes de vós».

Esta linguagem era nova para os contemporâneos do Salvador: contradizia tudo quanto lhes fora ensinado nas sinagogas, tudo quanto os antigos lhes tinham transmitido como herança de seus antepassados. Se as suas palavras eram para serem levadas à prática, onde iriam parar as famosas conquistas do Messias sempre vitorioso? A sua realeza não seria universalmente reconhecida, e os seus adversários, longe de serem reduzidos à impotência, levantariam a cabeça contra os filhos do reino! Deviam praticar o desinteresse, a mansidão, a misericórdia, a retidão? Mas para isso era necessário que os homens a quem dessem a conhecer uma doutrina de amor e paz, os acolhessem sem ser com ultrajes ou calúnias... No texto de São Lucas, os vaticínios de Cristo são ainda mais terríveis: «Os homens hão de odiar-vos, banir-vos e proscrever o vosso nome como infame, por causa do Filho do homem».

Mas esse tumulto que se avizinha não significa que a Boa Nova esteja condenada a falir, que o mundo não haja de ser transformado pelo Evangelho. Se assim fosse, Cristo não teria convocado os seus discípulos. As perseguições fazem parte dos desígnios de Deus sobre os destinos do seu reino. Os discípulos não devem entristecer-se com os maus tratos que lhes infligirem: «Nesse dia, alegrai-vos e regozijai-vos».

Podemos imaginar o estremecimento e o efeito espantoso que estas notícias extraordinárias e incompreensíveis devem ter produzido na assistência. É por este preço, afirma Cristo, que o reino de Deus se há de espalhar sobre a terra e que os homens hão de fazer parte dele.

Nós não temos a desculpa dos primeiros discípulos – a surpresa – para nos admirarmos das lutas dirigidas contra o cristianismo e que periodicamente tomam o aspecto de uma perseguição organizada. No entanto, mais de um cristão acalenta ainda o sonho de habitar uma terra irreal, onde as pessoas de bem nada teriam a recear dos malfeitores, onde a virtude e o direito seriam enaltecidos, onde a Igreja seria respeitada e escutada por todos. Se o ideal evangélico corresponde às mais nobres aspirações humanas, não deveria ser esse o lugar de encontro de todos os homens? Por que essa oposição permanente ao bem, à justiça, à religião? Será esse o destino do Evangelho na terra?

Sim, certamente. Cristo afirma-o em várias circunstâncias. A última frase do diálogo travado depois da Última Ceia é esta: «Haveis de ter aflições no mundo; mas coragem, eu venci o mundo» (Jo 21, 33). O Evangelho dirige-se à liberdade dos homens: estes podem, portanto, recusá-lo e repeli-lo com violência. O velho Simeão anunciara que Cristo seria, não um laço de união, mas um *sinal de contradição*, perante o qual os homens não ficariam neutros: seriam obrigados a exteriorizar o que pensassem; deveriam manifestar-se por Ele ou contra Ele (Lc 2, 35).

Não será inútil lembrar esta lei fundamental do cristianismo, antes de explicar – e para compreender melhor – por que razão Cristo abençoou aqueles que padecem perseguição por amor da justiça.

O Salvador afasta claramente a possibilidade de o Evangelho receber um acolhimento unânime por parte dos homens a quem for dirigido: «Infelizes de vós, lê-se em São Lucas, se toda a gente dissesse bem de vós, como aconteceu com os falsos profetas de outrora». Se a pregação do Evangelho tivesse o aplauso geral, isso seria prova de que a sua verdade fora alterada. Um cristianismo verdadeiro destrói muitos preconceitos e ataca muitos interesses egoístas para não dar escândalo; mas a oposição que levanta mostra a sua qualidade e favorece as suas conquistas.

A oposição é, na verdade, uma lei do progresso humano. Já na ordem física avançamos porque o solo resiste à pressão dos nossos passos. Afundamo-nos na neve fresca; enterramo-nos na areia. Também as civilizações só progridem sob o aguilhão da necessidade. Se a natureza fosse tão clemente e generosa que satisfizesse todas as necessidades vitais, a raça humana e as espécies animais estariam imobilizadas para todo o sempre. Se o homem não tivesse que lutar contra o frio, ainda hoje habitaria nas cavernas. É porque alguma coisa se opõe ao seu bem-estar ou aos seus desejos de felicidade que a inteligência, aplicando-se a triunfar do obstáculo, avança de descoberta em descoberta. A mesma lei rege o nosso progresso moral. Uma vida fácil não pode ser uma vida virtuosa. Só adquirimos a virtude se vencemos a tentação proveniente das nossas inclinações para o mal. Só é sólida a virtude experimentada.

Esta condição do progresso volta a encontrar-se na nossa vida pessoal religiosa. Infelizmente, não é raro que o adulto abandone as crenças recebidas na sua juventude; elas não conseguiram sobreviver a certas dificuldades de fé. Em compensação, as verdades do Evangelho transfor-

O DESTINO DO EVANGELHO

mam-se numa convicção pessoal em todos aqueles que não recuam diante das obscuridades da fé e as defrontam corajosamente. Depois de meses, anos talvez, de hesitação e de dúvida, mas também de ardente inquietação, jorrou a luz das fórmulas doutrinais que a princípio os tinham feito hesitar. Em vez de abandonarem o mistério, esses homens penetraram no mistério e, assim como é possível habituar-se pouco a pouco às trevas e prosseguir a marcha, também à força de meditar no dogma cristão compreenderam com mais nitidez a sua beleza e amplidão. O que até então ofuscava a razão iluminou repentinamente a inteligência; o que antes parecia um entrave à liberdade trouxe consigo uma libertação.

Todos os cristãos verdadeiros tiveram essa experiência: a firmeza e a constância na nossa fé são o preço de uma felicidade corajosa, que vence as oposições da razão como também as da sensibilidade, que fugia à renúncia e ao esforço. As repugnâncias e os receios, as tentações e as dúvidas são úteis, apesar do perigo que encerram. Constituem um risco, mas sem este risco não conheceríamos nem lucro nem vitória.

Apliquemos agora esta lei ao progresso do Evangelho no mundo. A doutrina de Cristo produz um choque em todas as consciências; se suscita a oposição de uns, provoca em outros uma reação que os introduz numa fé plena. É este o seu destino entre as sociedades humanas. Por toda a parte em que o cristianismo for anunciado, será fatalmente combatido; mas esta oposição traz-lhe também adesões apaixonadas e definitivamente fiéis, que não se teriam revelado, pelo menos no mesmo grau, se não fosse a violência e a perseguição dos opositores.

Quando, frustrando os objetivos terrenos do seu auditório, Cristo falou, por meias palavras, do *pão* que daria para a vida do mundo, São João nota que muitos dos seus discípulos, achando esse discurso intolerável, se retiraram e deixaram de andar com Ele (6, 66). Cristo, em vez de tentar unir os dissidentes, voltou-se para os doze e perguntou-lhes: «Vós também quereis retirar-vos?» A resposta foi instantânea. Simão Pedro reage com toda a sua fé: «Deixar-te, Senhor, quando os outros te abandonam?! Para quem havemos nós de ir? Só tu tens palavras de vida eterna».

Sempre, e por toda a parte, a difusão do cristianismo seguirá o mesmo ritmo. A oposição e as perseguições têm como consequência estimular e avivar o fervor dos cristãos. Não é que a infidelidade de uns seja motivo para uma maior fidelidade de outros, mas é ocasião para ela. Não espero que Jesus Cristo seja blasfemado para o adorar; mas esta blasfêmia causa-me tal dor que me prendo mais a Ele e quero servi-lo com uma vontade ainda mais firme.

É de notar, aliás, que, no texto que meditamos, Cristo não pronuncia uma única palavra contra os perseguidores. Ele não fecha aqui na terra as portas do céu. Na continuação do Sermão, pede-nos que oremos por aqueles que nos perseguem (Mt 5, 44).

A oposição, surda ou aberta, marca um progresso do Evangelho, na medida em que oferecemos a Deus o nosso sofrimento pela conversão dos que nos atacam, e em que vamos buscar, com nova energia, para melhor vivermos a nossa fé, uma caridade mais resplandecente.

Haveis de ter aflições no mundo. Coragem!, diz-nos o Salvador. E não acrescenta: «Vencereis o mundo», mas: *«Eu venci o mundo»*. Não promete triunfos pessoais, cujo mé-

O DESTINO DO EVANGELHO

rito seríamos tentados a considerar nosso. Dá-nos uma garantia muito melhor: «Eu venci o mundo». Está feito. Estamos no campo do vencedor. Depois disto, que outra atitude havemos de ter em relação àqueles que tentam disputar-Lhe uma vitória certa, a não ser a mais absoluta serenidade, compreensão e misericórdia?

Apelo à coragem

Se Cristo contrariava as ideias do seu tempo ao afastar as perspectivas de um futuro triunfal para o reino de Deus na terra, também não as poupava ao declarar: «Sereis bem-aventurados quando vos perseguirem por minha causa». Era um desafio às crenças seculares. Israel obstinava-se em ver um castigo divino nas provas que oprimiam o homem. Ora, Cristo afirma que os seus discípulos serão perseguidos precisamente por causa da justiça. As suas tribulações serão o sinal de que Deus, longe de os castigar, os abençoa. Os perseguidos transformados em pessoas privilegiadas – foi essa a novidade que agitou o mundo de então.

Mas o Salvador veio precisamente para destruir os valores da falsa sabedoria do mundo. O seu Evangelho seria o vinho novo que faria rebentar os odres velhos; iria contrariar muitos hábitos, suprimir muitas facilidades, semear tantas inquietações e remorsos nas consciências, que muita gente não só não o aceitaria como trabalharia para que não se falasse mais nele. Os seus discípulos não se deviam iludir. O Evangelho seria impugnado. Tentariam demonstrar a sua falsidade. Caluniariam e ridicularizariam aqueles que o praticassem. E como a troça e os ultrajes não bastariam para detê-los, os adversários, usando da força, recorreriam a meios mais radicais – o exílio, a prisão e a morte. Cristo interroga o auditório: «Estais decididos a lutar pelos direitos de Deus e pelos direitos dos vossos irmãos, a opormos ao mal, sob todas as suas formas?» Para dilatar o reino de Deus, Ele precisa de discípulos *corajosos*. Os que vierem depois dEle não deverão contentar-se em ensinar a praticar a «justiça» – terão ainda que defendê-la e que sofrer por ela.

Este apelo à coragem é dirigido aos homens de todos os tempos, a todos os que quiserem ser cristãos. Lembremo-nos de que Cristo nos recruta para um combate cujo resultado não é incerto: «Eu venci o mundo». Devemos estar alegres porque, apesar da fadiga, da denúncia e da injúria, estamos certos da vitória do Evangelho.

Cristo não quer um cristianismo *hermético* onde, na agradável intimidade de um pequeno cenáculo, alguns privilegiados possam entregar-se à observância das virtudes cristãs, consideradas inacessíveis à grande maioria dos homens. Já refutamos esta pretensão de um isolamento que nos faria abandonar a missão que o Salvador nos confiou. Deus quer a salvação de todos os homens, chamou-os a todos ao seu reino. Acolheu mesmo aqueles que nos pareciam os mais indignos, porque a sua graça é capaz de purificar e transformar. Os discípulos de Cristo devem anunciar a sua mensagem ao mundo inteiro, no meio de pessoas que não olham para o céu, umas porque têm na terra tudo quanto precisam; outras porque, na terra, são infelizes. Mandados ir até junto deles como o servo da parábola, pelas ruas e pelas praças, pelos caminhos e encruzilhadas – ali onde a sua providência nos colocou –, para as conduzirmos à sala do festim messiânico onde Ele as espera.

Não reduzamos a «perseguição pela justiça» à simples paciência com que se devem receber os golpes do adversário; ela manda-nos fundamentalmente lançar a ofensiva (nunca contra os homens, mas contra o pecado), expor-nos voluntariamente à crítica e à oposição, agindo por toda a parte e falando sempre como cristãos.

Um cristianismo de pessoas *resignadas* seria mais uma falsificação da obra de Jesus Cristo. Essas pessoas pretextam que a doutrina cristã já não inquieta muitos dos nossos contemporâneos, mas não é verdade que foram elas mesmas que lhe tiraram a tenacidade? O Evangelho é um sal que ataca todos os metais – se não o tornarmos insípido.

Esta mentalidade de vencidos equivale a pôr em dúvida a personalidade divina de Cristo e as suas promessas mais explícitas. Um cristão acredita que o mal não é mais forte que o bem e que Deus é mais forte do que Satanás. Acredita na derrota final do mal e consagra-se ao trabalho de a apressar. O discípulo que sofre pela justiça não se resigna a aceitar a derrota e a sofrer as repercussões do mal. Combate as injustiças onde as encontra; e tenta principalmente evitá-las. Para isso, renuncia à sua tranquilidade, não hesita em comprometer-se, em arrostar com a troça, as ofensas e a crueldade. Além disso, consagra-se a reparar, na medida das suas forças, o mal praticado pelos outros. Há quem considere num caso destes que o necessário é castigar os culpados. Mas enquanto esperamos, quem reparará os prejuízos que eles causaram? Já alguma vez se viu um incendiado apagar o fogo que ateou? A função dos homens de bem é ocupar o lugar dos que se esquivam à tarefa comum, corrigir os erros causados pelos que desprezaram o seu dever, construir o que os insensatos destruíram.

Um cristianismo de *timoratos* seria uma última adulteração. Não pode deixar de nos impressionar a insistência com que Cristo precavê os discípulos contra qualquer sentimento de medo. Quando novamente os avisa de que a pregação do Evangelho lhes atrairá inimigos, apressa-se a dizer-lhes: «Não tenhais medo. Não tenhais medo daqueles que matam o corpo, mas não podem matar a alma. O que deveis recear é perder a vossa alma, ofendendo a Deus». Para os habituar ao perigo, dorme tranquilamente à popa de uma barca surpreendida pela tempestade. Os Apóstolos, desnorteados, veem a embarcação prestes a afundar-se e acordam o Mestre: «Senhor, ajuda-nos que perecemos!» Num gesto, Cristo acalma as ondas, mas repreende-os em seguida: «Por que tendes medo? Onde está a vossa fé?» Se os discípulos se inquietam por ver que se acham em franca minoria, não é isso razão para desesperar: «Está tranquilo, pequeno rebanho, porque foi do agrado do vosso Pai dar-vos o seu reino».

Jesus proíbe aos seus discípulos que cedam ao medo, porque seria uma falta de fé. A sorte que os espera não é diferente da sua própria; ora Ele teve de enfrentar as oposições e os ódios. Por que hão de tremer? Que tenham confiança nEle, e poderão enfrentar a maldade e o perigo. A adversidade não lhes deve meter medo; não é um incidente; é a condição normal dos discípulos que tomam a sério a sua vocação. «Aqueles que quiserem viver piedosamente em união com Jesus Cristo hão de conhecer a perseguição» (2 Tim 3, 12), escrevia São Paulo no fim da sua vida, repetindo o que declarara no início do seu apostolado: «Temos de passar por muitas tribulações, antes de entrarmos no reino de Deus» (At 14, 22).

Esta palavra «tribulações» tem a sua origem num termo grego que designava uma grade com três pontas, que se ocultava nas estradas para deter a cavalaria inimiga. É impossível conformarmos a nossa vida com o Evangelho sem encontrarmos as armadilhas que Satanás semeia no nosso caminho. Se estas provas forem motivo para fortalecer a nossa fé, só temos de alegrar-nos com elas.

É conveniente notar, porém, que Cristo abençoou apenas os cristãos injuriados e perseguidos *por sua causa*, aqueles que fossem acusados *falsamente* de qualquer mal. Com efeito, acontece por vezes que os cristãos são atacados não pelas suas virtudes, mas pelos seus defeitos. Este critica o seu próximo fora de propósito, ou mostra-se intempestivo no zelo que manifesta pela religião; ou então procura secretamente, em determinada obra de caridade, uma pequena glória pessoal. Aquele outro, mensageiro fogoso da fé ou defensor dos oprimidos, falta às virtudes humanas da lealdade e da paciência e também às virtudes cristãs da humildade e da bondade. Acaba por tornar-se universalmente odiado. – Detestam-me, diz ele, porque sou cristão. – Não, meu amigo, detestam-te porque tens um feitio impossível. Os cristãos podem ser perseguidos não por trazerem o nome de cristãos, mas por não procederem como cristãos. O Apóstolo Pedro fez cuidadosamente a distinção: «Que glória tereis, se sofreis por um pecado que cometestes? Aceitai a dor fazendo o bem; isso é o que agrada a Deus... Que nenhum de vós tenha de sofrer por ser ladrão, malfeitor, invejoso; mas se vos ultrajarem pelo nome de Cristo, então, sim, sereis abençoados» (1 Pe 2, 20; 3, 13-15).

Os primeiros que ouviram as Bem-aventuranças, os doze, depois de terem sido condenados pelo Sinédrio à pena de flagelação, retiraram-se do tribunal «contentíssimos por terem sido dignos de sofrer ignomínias pelo nome de Jesus» (At 5, 41). «Estou cheio de consolação, dizia São Paulo, estou inundado de alegria no meio de todas as nossas tribulações» (2 Cor 7, 4). Um século mais tarde, São Justino declara ao imperador Antonino: «É com alegria que morremos depois de termos confessado Cristo». Assim falam todos os mártires; assim falam todos os santos. São Francisco de Assis não teve que derramar o seu sangue, mas encontrava «a alegria perfeita» no sofrimento injusto, para partilhar das dores de Cristo.

Falaremos a seguir desta palavra que nos dá a chave da Bem-aventurança que estamos meditando. Mas ela nos mostra desde já o lugar onde devemos ir buscar a coragem que Cristo nos pede para arrostarmos as perseguições violentas, e também para permanecermos sempre fiéis à fé.

À sombra da cruz

A multidão reunida na montanha à volta de Cristo ter-se-ia dispersado imediatamente se lhe tivesse ouvido dizer que a sua crucificação seria o preço do perdão e da reabilitação da humanidade pecadora. O Messias de Israel pregado numa cruz e expirando no meio de tormentos do mais atroz suplício!

Estas palavras teriam provocado o horror e a reprovação geral. Os próprios doze teriam abandonado o Senhor. Serão necessários longos meses para que os discípulos, convencidos da filiação divina do Messias, compreendam que, assim como a semente tem de morrer para produzir na terra muitas outras sementes vivas, também Cristo tem de morrer para ressuscitar e comunicar a sua vida à humanidade resgatada. Cristo espera pelos últimos meses do seu ministério para lhes revelar progressivamente o fim inevitável e avisá-los de que teriam de se associar ao seu sofrimento – *beber o cálice*, como dizia – se quisessem participar da sua vida gloriosa.

Mas o Salvador nunca perde de vista esta hora do sacrifício fatal – «a hora para a qual veio à terra» (Jo 12, 27);

e não podendo ainda falar abertamente nela, faz-lhe alusões breves, cujo sentido o auditório só compreende pela sequência dos fatos. Embora em termos velados, seus primeiros ensinamentos orientam-se para o fato misterioso da nossa redenção. Assim se explica o caráter patético das Bem-aventuranças.

As alegrias que elas prometem são outras tantas vitórias que teremos de obter. Os homens, afastados da felicidade divina pelo pecado, terão de reconquistar essa felicidade pela renúncia, pelo esforço e pela luta. E no versículo final, que proclama bem-aventurados os perseguidos por amor da justiça, projeta-se claramente a sombra da Cruz em que Cristo «deu a sua vida em resgate de muitos», dessa cruz que devemos aceitar, todos os dias, para nos tornarmos discípulos do Mestre.

Quem mais do que Cristo foi odiosa e injustamente «perseguido por amor da justiça»? Contemplemos a bem-aventurança do «homem das dores». Em parte alguma Cristo se mostrou tão grande como na sua aparente derrota. Pilatos, conduzindo-o ao terraço do seu palácio, exclama: «Eis o homem!», na esperança de que a multidão se compadeça à vista do rosto e do corpo ensanguentado do inocente acusado. Mas a palavra do governador ultrapassa as intenções que as ditaram. Perante os rostos patibulares e brutais que escarnecem de um ser indefeso, Cristo, cujo corpo ainda treme sob a violência das chicotadas recebidas, revela-nos a nobreza a que pode chegar o caráter de um homem, quando tem a coragem de se elevar até os desígnios que Deus formulou a seu respeito. Esses homens são fanáticos que gritam, são oportunistas que se enfilei-

À SOMBRA DA CRUZ

ram ao lado dos fortes, são tímidos que se calam e deixam as coisas correr, para não falar da populaça que grita o que lhe ensinam os seus chefes. Nesta tragédia há só um homem: Cristo, que, com a sua elevada estatura moral, domina todos aqueles pigmeus. *Ecce Homo*: eis o Homem!

Mas o Sinédrio reuniu a aristocracia de Israel; a ortodoxia dos fariseus alia-se à habilidade política dos saduceus. Nenhum deles ignora os termos em que Cristo anunciou publicamente a sua relação com Deus: «O Pai e eu somos apenas um». Caifás diverte-se, obrigando-o a dizer que é «Filho do Altíssimo» para provocar o escândalo e acusa-o de blasfêmia. E todos os senadores opinam: «É réu de morte». Mas como poderiam conseguir que o governador romano se julgasse competente para apreciar uma ofensa de ordem puramente religiosa? Pouco importa. Os membros do Sinédrio modificam imediatamente o motivo da acusação e atribuem a Cristo um crime político: «Ele afasta o nosso povo da obediência; proíbe que se pague o tributo a César, e intitulou-se Rei-Messias». Duas mentiras e um equívoco: está feita a jogada. Não aviltam a dignidade humana estes juízes de má-fé, que saciam o rancor do seu orgulho ferido sob o pretexto de vingarem os direitos de Deus? O «homem» é aquele que, desprezando essas falsidades, os receberá no tribunal da justiça suprema. Jesus Cristo, esse é o Homem.

Poderemos dar este nome ao tetrarca Herodes, o inevitável personagem ridículo de todos os dramas, esse Herodes que se quer gabar de ter visto Cristo fazer um milagre na sua presença? Vinga-se da sua decepção vestindo a sua vítima com a túnica do escárnio. O homem digno desse título não é o trocista que ri das coisas santas, o pedante da reunião pública, que concede a Deus dez minutos para que prove a sua existência, mas aquele que tem força para se calar perante o insulto e a injúria. Esse é o Homem.

Que dizer de Pôncio Pilatos, menos culpado do que Caifás (Jesus declarou-o), mas o mais triste espécime da covardia? O funcionário público não vê nada de censurável no acusado; descobriu a manobra desonesta dos magistrados de Jerusalém, mas teme, com razão, a vingança desses homens, se não ceder às suas perfídias. Acaso não murmuram já que o governador vende barato o prestígio de César? Antevê a denúncia que poderá cortar a sua carreira. Este homem – não, não é um homem –, este fantoche, imagina que se pode livrar negociando. Tenta uma solução de compromisso: mandará açoitar Jesus para contentar o adversário, na esperança de poder libertar o réu logo depois. Mas os outros tiram partido dessa concessão para obrigar o governador a pronunciar a sentença de morte.

Pilatos espera salvar a honra com um gesto teatral e linguagem bombástica. Põe a salvo a sua responsabilidade lavando as mãos perante a multidão: «Eu não quis isto»; é a clássica desculpa dos covardes. Olhai para ele, à varanda do pretório: o procurador incapaz de enfrentar a revolta e que faz de príncipe desinteressado; e perto dele, Cristo, banhado em sangue, com o rosto inchado pelas bofetadas, a cabeça sulcada por um diadema de espinhos, os pulsos atados. *Ecce Homo*! Sim, esse é o Homem. E não o outro.

Mas onde estão aqueles que tanto o amavam? Desorientados com a prisão do Mestre, os discípulos fugiram. Não houve ninguém que viesse defendê-lo. Simão Pedro, é verdade, não teve receio de penetrar no pátio do palácio de Caifás. Mas… foi para mostrar a sua fraqueza. E Judas, atormentado pelos remorsos, tendo confessado bem alto a sua traição perante os sacerdotes que troçam dele, vai-se enforcar de desespero. Naquele dia único da Sexta-Feira santa, houve apenas um que defendeu o homem e salvaguardou a sua dignidade. *Ecce Homo*, eis o verdadeiro Homem, tal como Deus o concebeu – podemos dizê-lo sem rodeios –, tal como ambicionamos ser, tal como seremos, se soubermos seguir Cristo até à Cruz.

«Bem-aventurados os que são perseguidos por amor da justiça». Será alguma lei do mundo que os melhores se deixem matar, que os erros dos culpados caiam sobre os inocentes, que os justos reparem e resgatem o mal cometido pelos pecadores? Esta lei parece-nos uma violação da equidade. Mas preferiremos nós enfileirar-nos ao lado dos malfeitores? Como poderemos protestar contra essa lei do mundo, depois da condenação que feriu o Filho de Deus? Diremos que, na verdade, Cristo não era um homem como nós. Mas é precisamente aqui que o Salvador derruba o nosso refúgio mentiroso, pois pela sua morte e ressurreição deu-nos o meio de nos tornarmos *homens* como Ele.

«Cruz de Cristo, única esperança!» Não roubemos a esta invocação litúrgica a plenitude do seu significado. A Cruz de Cristo salvou-nos, porque foi o instrumento do seu sacrifício. Sacrifício perfeito e de um valor infinito. Como São Paulo, devemos viver na fé do Filho de Deus, que nos amou e se entregou por nós. Ora a fé do Apóstolo não consistiu apenas numa adesão intelectual ao mistério redentor, nem numa aceitação reconhecida, mas passiva, de um dom gratuito. «É pela graça de Deus que sou o que sou, mas a sua graça em mim não foi estéril» (1 Cor 15, 10). Lembremo-nos da célebre passagem em que o Apóstolo se vê forçado a enumerar as canseiras do seu apostolado: prisões, flagelações, apedrejamentos, viagens, naufrágios, toda a espécie de perigos e fadigas, vigílias repetidas, fome, sede, jejuns e misérias (2 Cor 11). Foi neste cúmulo de trabalhos e martírios que se manifestou a sua fé em Cristo. Não lhe passou pela cabeça que os outros fiéis pudessem considerá-la de outra maneira. Sim, diz aos cristãos de Roma, somos filhos de Deus, seus herdeiros, coerdeiros com Cristo, «mas isto se sofrermos com Ele, para sermos com Ele glorificados» (Rom 13, 17).

Devemos associar-nos ativamente ao sacrifício dAquele que é a nossa Cabeça. Ele efetuou a redenção do mundo, de uma vez para sempre, no Calvário; agora ela é nossa. Mas a redenção não está terminada, pois é necessário que, na continuação dos séculos, os homens apliquem a si próprios os frutos que ela produziu.

«A medida da paixão de Jesus Cristo, dizia Santo Agostinho, só estará preenchida no fim dos tempos». A obra redentora, cujo começo é a abolição do pecado, tem de ser continuada ou, melhor, Cristo quer que seja continuada em nós e por nós. Cristo não se imolou em nosso lugar, mas em nosso nome, fazendo-se um de nós. Com Ele, todos os homens redimidos ofereceram a Deus o sofrimento que Cristo sentia no seu corpo e na sua alma. Até o fim dos séculos, Cristo continua a oferecer a Deus o seu sacrifício, mas oferece-o em cada um de nós, nas nossas adorações, nas nossas ações de graças, no nosso apostolado, nos nossos sofrimentos. Era neste sentido que o Apóstolo Paulo podia dizer que completava a parte dos sofrimentos que Cristo não sofrerá; e que Pascal escrevia: «Jesus estará em agonia até o fim do mundo; não devemos dormir durante esse tempo».

Apreendemos, assim, no seu todo, a doutrina admirável das Bem-aventuranças. Cristo serve-se de nós para continuar a sua obra. Continua a mudar o coração dos homens, a convertê-los pela sua pobreza, pela sua bondade, pela sua pureza, agora praticadas por nós, seus discípulos. Cristo continua a melhorar a terra, a transformar as sociedades humanas pela sua justiça, pela sua misericórdia, pelo seu espírito de paz, que se converteram em virtudes dos seus discípulos. Cristo continua a redimir o mundo por meio de tudo quanto sofre em nós, dos nossos contratempos e das perseguições que sofremos por amor à justiça. Assim como nós sofremos na sua carne, assim Ele sofre agora na nossa. Uniu a sua vida à nossa, para continuar em nós e por nós a luta contra o pecado e os seus sofrimentos reparadores.

Havemos de queixar-nos, então, se sofremos perseguição «por amor do seu nome»? Não devemos, pelo contrário, considerar-nos felizes por podermos associar as nossas aflições «às dores do nosso Cristo bendito»? Que o Senhor nos permita dizer com toda a verdade a palavra do seu Apóstolo: «Estou pregado com Cristo na cruz, para todo o sempre. Eu vivo, mas já não sou eu que vivo; é Cristo que vive em mim» (Gal 2, 19-20).

A vitória dos cristãos

Já no fim dos tormentos da crucificação, Cristo soergueu-se e exclamou com voz forte: «Tudo está consumado». Vencera o pecado; faltava-lhe vencer a morte. E dois dias depois, um anjo devolvia-lhe a pedra do sepulcro. O dia de Sexta-Feira Santa, longe de selar a sua derrota, foi o prelúdio do triunfo da Páscoa.

A sorte dos discípulos não difere da do Mestre. O dia em que os cristãos são perseguidos por amor da justiça e ultrajados por causa do seu nome é para eles um dia de vitória: «Alegrai-vos, diz o Senhor, rejubilai de alegria, porque é grande a vossa recompensa nos céus», quer dizer, segundo o vocabulário de São Mateus, «junto de Deus». A partir deste momento, têm a certeza da felicidade que gozarão depois da sua existência terrena. À fase presente do reino de Deus, suceder-se-á o Reino glorioso e definitivo. Das regiões do tempo, que contamos por dias, anos e séculos, onde tudo passa e acaba, entraremos nas regiões da eternidade. É lá que as Bem-aventuranças evangélicas se hão de concluir.

Sem dúvida, e já várias vezes o acentuamos, graças à nossa união com Jesus Cristo, fazemos aqui uma primeira experiência da felicidade prometida pelo Mestre aos seus fiéis; mas esta felicidade não se pode completar na terra; é apenas o antegozo da felicidade perfeita, que está ligada às bênçãos divinas.

O céu revelará aos discípulos de Cristo a amplidão da misericórdia de Deus. Dará repouso aos que se tiverem sentido acabrunhados sob a fadiga do trabalho quotidiano. Consolará os aflitos das lágrimas que tiverem chorado: conheceremos, finalmente, o porquê dos nossos sofrimentos. Oferecerá a todos uma felicidade sem comparação com os bens efêmeros a que tiverem renunciado. Saciará a nossa sede de ciência, de grandeza, de santidade, numa expansão plena das nossas faculdades. Satisfará as nossas ambições de justiça e de amor numa paz sem fim, no seio de uma Criação regenerada. E, principalmente, tornar-nos-á semelhantes a Deus, pois o veremos tal como é (1 Jo 3, 2).

Mas Cristo, que encaminha todas as nossas atividades para a vida do Além, que tanto se esforça por descrever-nos o caminho do céu e insiste para que não nos desviemos dele, mostra-se muito discreto sobre o que será a nossa vida futura. A linguagem humana não se presta a tais confidências. Que ideia havemos de fazer desse mundo divino, em nada igual ao nosso? O Senhor só fala dele por meio de analogias ou imagens, como, principalmente, a do festim em que estaremos sentados com Abraão, Isaac e Jacó; certa vez, indicou que a nossa vida seria semelhante à dos anjos.

Em troca, e isto compensa largamente as nossas ignorâncias, estabeleceu um nexo estreito entre o nosso céu e a sua própria pessoa. Ele é a Ressurreição e a Vida. Quem vive e acredita nEle não morrerá eternamente. A mesma vida sobrenatural que lhe é comum com o Pai, comunica-a àqueles que se alimentam da sua carne e do seu sangue: esses possuem a Vida eterna; vivem nEle e Ele neles.

O céu é a casa do Pai; as moradas são numerosas e Cristo precedeu-nos para nos preparar o lugar. «Pai, pede na sua última oração, quero que aqueles que me deste estejam onde eu estiver, para que contemplem a glória que me deste». Na impossibilidade em que estamos de conceber e exprimir a própria vida de Deus, à qual teremos acesso no céu, basta-nos saber que estaremos com Cristo e que *a sua felicidade será a nossa.*

Perante estes horizontes eternos, certos espíritos admiradores do que chamam a «moral» do Evangelho, deixam de estar conosco, pela razão de que nada pode ser cientificamente afirmado sobre o homem depois da morte. As aspirações da nossa existência à imortalidade, de que tantas vezes se fala, parecem-lhes apenas uma forma do instinto de conservação. Eles próprios, dizem, não desejam renascer.

Isto é pôr o problema do nosso destino em mau terreno. Não se trata de deixar de existir e, logo depois, renascer, mas de sobreviver, de passar a uma nova forma de existência. Ora, esta eventualidade não depende das nossas repugnâncias ou dos nossos desejos pessoais. Nenhum de nós pediu para nascer; não escolhemos a existência que recebemos. A presença no nosso globo de seres humanos tão vinculados à terra e ao mesmo tempo tão radicalmente diferentes das outras criaturas, corresponde à vontade de Deus. Pela mesma razão, não podemos impedir que Ele tenha querido que ultrapassássemos a fase da nossa vida atual. Por isso, a necessidade do infinito, esse desejo incoercível de outra coisa, que todo o homem sente, não pode deixar de ser obra do buril do Artista! Pelo menos, se não está cientificamente provado que o nosso ser interior, aquilo que em nós é propriamente humano, sobrevive ao organismo físico, também não se pode afirmar que seria insensato aceitar a sua sobrevivência.

«Somente os fatos nos podem dizer alguma coisa de certo; mas os mortos não voltam para nos informar sobre a sua existência póstuma...» Esta afirmação, ouvida tantas vezes, é simplesmente ingênua. A flor, depois de aberta, não volta ao seu botão. Assim como a borboleta não volta a ser crisálida, também o homem, uma vez na forma definitiva da sua existência, não pode voltar à sua condição anterior. Uma vez dentro das esferas infinitas, como regressar ao nosso mundo finito?

De qualquer modo, desejaríamos ter uma noção menos vaga do que nos espera. Este desejo, formulavam-no, como nós, os contemporâneos de Jesus Cristo. Encontramos um eco disto em certa resposta numa parábola: «Uma vez que não ouvem Moisés e os profetas, tampouco se hão de convencer se ressuscitar alguém dentre os mortos» (Lc 16, 31).

Nós, cristãos, temos muito mais do que Moisés e os profetas. Alguém veio das esferas eternas, de onde os homens não voltam. O Filho de Deus fez-se homem para nos fazer participar da sua filiação divina. Toda a sua pregação foi orientada para essa vida nova e eterna, concedida àqueles que acreditam nEle. Aos céticos que o intimavam a dar provas do que dizia, Jesus respondia que dava apenas uma: Ele próprio sofreria a morte e depois retornaria, animado daquela Vida que comunicaria aos homens regenerados.

A VITÓRIA DOS CRISTÃOS

Os acontecimentos ocorreram como Ele anunciara. Observemos que a nossa fé não assenta em teorias, mas em fatos históricos. E o fato principal é a Ressurreição de Cristo. Os Apóstolos começaram por não acreditar na realidade de semelhante prodígio. Hesitaram e duvidaram. Finalmente, em presença das aparições repetidas do Salvador a eles mesmos e a outros – numa delas estavam reunidos mais de quinhentos irmãos –, renderam-se à evidência. E proclamaram até à morte aquilo de que tinham sido testemunhas: «Nós o vimos com os nossos olhos; nós o tocamos com as nossas mãos; nós comemos e bebemos com ele depois da sua ressurreição de entre os mortos». Inutilmente os outros recorrem a ameaças para os fazer calar: «Não podemos deixar de dizer o que vimos e ouvimos».

Também não é possível contestar este outro fato: se Cristo não tivesse ressuscitado, a posteridade teria ignorado até mesmo o seu nome; nunca teria havido cristianismo. Os antigos discípulos teriam calado o nome do Rabi, que, nesta hipótese, os teria encaminhado para uma aventura condenada a falhar miseravelmente. São Paulo não hesita em escrever: «E se Cristo não ressuscitou, é vã a nossa pregação e também vã a nossa fé» (1 Cor 15, 14). Não só Paulo como ainda os outros Apóstolos tiraram as consequências do triunfo de Cristo sobre a morte. A Ressurreição é a prova suprema da sua divindade e da verdade da sua doutrina, e além disso inclui a certeza da nossa própria ressurreição. Como as primícias são a prova da futura ceifa, também a vitória dos cristãos está contida na vitória de Cristo.

A vida nova do Salvador ressuscitado é a garantia da vida eterna dos cristãos. «Deus, que é rico em misericórdia, diz São Paulo, convivificou-nos em Cristo. Com ele, *ressuscitou-nos* e fez-nos sentar nos céus» (Ef 2, 6).

Os verbos estão no passado. A nossa ressurreição é um fato consumado, desde que permaneçamos fiéis ao Salvador. «Palavra fiel, escreve ainda o Apóstolo; se morrermos com ele, também com ele viveremos. Se perseverarmos, também com ele reinaremos» (2 Tim 2, 11).

Ao terminarmos estas reflexões sobre as Bem-aventuranças, temos de mostrar todo o nosso agradecimento a Deus, que nos chamou a partilhar da sua glória tornando-nos membros do seu reino na terra. «Quer vivamos quer morramos, somos do Senhor» (Rom 14, 9). Devemos viver, pois, unidos a Cristo, com coragem, certamente, mas também com uma gozosa liberdade, a serviço de Deus, amando-o como nosso Pai, e a serviço dos nossos irmãos, amando-os como Jesus Cristo nos amou.

Direção geral
Renata Ferlin Sugai

Direção editorial
Hugo Langone

Produção editorial
Gabriela Haeitmann
Juliana Amato
Ronaldo Vasconcelos

Capa
Gabriela Haeitmann

Diagramação
Sérgio Ramalho

ESTE LIVRO ACABOU DE SE IMPRIMIR
A 27 DE NOVEMBRO DE 2022,
EM PAPEL PÓLEN SOFT 70 g/m².